Frauenschuh-Verlag Birgit Faschinger-Reitsam & Sabine Paul GbR

Im Frauenschuh-Verlag von Birgit Faschinger-Reitsam & Sabine Paul GbR ist außerdem erschienen:

Schuhrakel - Wege in die weibliche Kraft

44 Künstlerkarten mit Begleitbuch

Birgit Faschinger-Reitsam
und Sabine Paul

Das Leben schmecken

Weiblichkeit ist kostbar

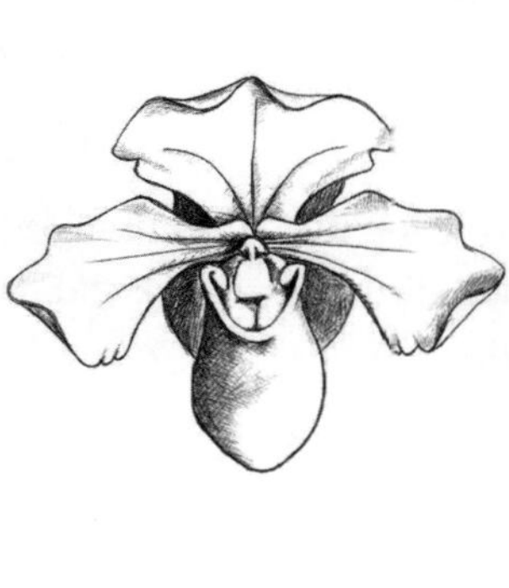

Sichtbar genussvoll – genussvoll sichtbar

Frauenschuh-Verlag
Birgit Faschinger-Reitsam
& Sabine Paul GbR

Impressum

Birgit Faschinger-Reitsam und Sabine Paul GbR

München

Umschlaggestaltung, Layout, Malerei und Illustration: Sabine Paul
Texte und Zitate: Birgit Faschinger-Reitsam
Lektorat: Claudia Müller-Tief

Printed in Germany

Verlag: Frauenschuh-Verlag GbR, München

ISBN 978-3-9819238-1-0

Info@frauenschuh-verlag.de

Das Leben schmecken ist all den Frauen gewidmet, die ihren Hunger nach Leben stillen wollen. Frauen, die sich nicht länger mit fadem Einheitsbrei aus „So-haben-wir-das-schon-immer-gemacht" abspeisen lassen und auf der Suche sind nach neuen Rezepten. Es ist den Frauen gewidmet, die ahnen oder wissen, dass ihr Hunger nach Leben nicht durch Essen gestillt werden kann. Vor allem aber jenen, die sich das, was sie unbedacht aus der Hand gegeben haben, wieder zurückholen wollen: ihre weibliche Kraft.

Die Welt ist voller
magischer Dinge,
die geduldig darauf
warten, dass unsere
Sinne schärfer werden.

W.B. Yeats

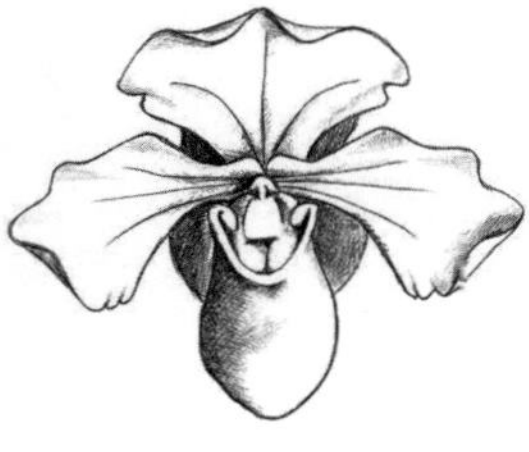

Ich

____

(Name)

erlaube mir, mich in diesem Buch genüsslich auszubreiten, meinen Gedanken und Einsichten Raum zu geben, zu schwelgen und mich zu verlustieren. Ich drücke mich mit Farben aus und nutze was da ist: Mascara, Eyeliner, Lippenstift, Kaffee oder Tee. Auch Buntstifte tun es zur Not. Mein inneres Kind wird mich leiten und ich vertraue ihm. Ich notiere die Einflüsterungen der weisen Frau in mir und lausche der Stimme meiner inneren Geliebten.

____

Unterschrift

Inhaltsverzeichnis

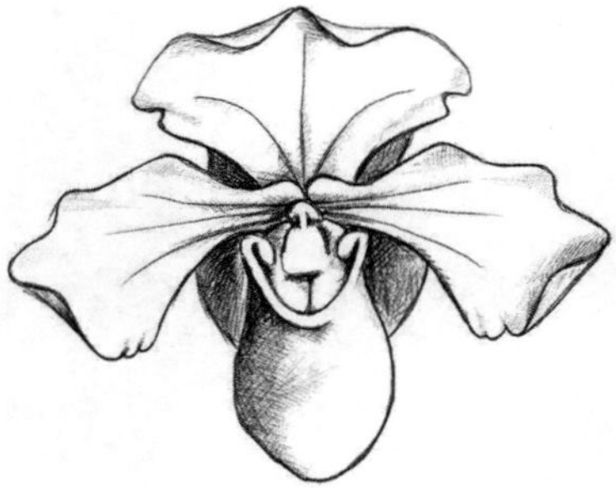

Vorwort

Trotz Emanzipation versuchen viele Frauen, es allen und jedem Recht zu machen. Häufig unbewusst. Und wenn frau sich eine Auszeit nur für sich nehmen will, ist es begleitet von schlechtem Gewissen und Unwohlsein. Wir erlauben uns viel zu selten, nur wir selbst zu sein. Unsere weiblichen Energien zu spüren, zu würdigen und in unseren Alltag zu integrieren.

„Das Leben schmecken" ist eine Einladung zum Erspüren unserer weiblichen Kraft.

Birgit Faschinger-Reitsam lässt die Leserin mit Genuss und Humor an Erlebnissen und Erkenntnissen teilhaben und fordert sie gleichzeitig auf, sich selbst zu entdecken und ihr Frausein genussvoll und selbstbestimmt zu leben. Neue Zutaten mit Altbewährtem zu verbinden, abzuschmecken und so ein unwiderstehliches, ganz persönliches Lebensmenü zu kreieren – Al Dente!

Die Leserin wird sich nicht nur in dem einen oder anderen Kapitel wiederfinden, die Wirkung der Texte ist oft sogar körperlich spürbar. Die Autorin versteht es, alle Sinne anzuregen. Unterstützt wird diese Erfahrung durch die ausdrucksstarken Bilder von Sabine Paul.

Wir Frauen mögen keinen Einfluss auf unsere Vergangenheit haben. Aber wir können dort starten, wo wir stehen, und auf weiblich kraftvolle Weise die Zukunft verändern.

Thea Maria Deyhle, Psychologische Beraterin

Wer Schmetterlinge lachen hört,
der weiß wie Wolken schmecken

Novalis

Mit allen Sinnen schmecken

Du willst satt und glücklich sein? Dann ziehe deine Schuhe aus und gehe barfuß in deine Küche. Du brauchst nicht viel: etwas Mehl, Wasser, Salz und ein paar Esslöffel Öl. Wasche deine Hände und trockne sie. Halt, halt. Nicht so schnell. Wie fühlt sich das Leintuch an auf deiner Hand? In üblichen Kochrezepten steht nun: Alle Zutaten gründlich miteinander verkneten und den Teig dann 30 Minuten ruhen lassen. Das wirst du tun, aber vorher stemmst du deine Hände in die Hüften, so wie die italienischen Mamas in den alten Filmen. Du wirst dadurch mehr Luft in deine Lungen ziehen, wartest auf ein Lächeln und dann machst du dich ans Werk. Kneten. Spüren. Ahh. Die Füße barfuß, die Hände im Teig und du voller Erwartung auf einen köstlichen Flammkuchen.

Während der Teig ruht, hast du genügend Zeit, den passenden Wein zu probieren. Wie Fachfrauen das tun, wirst du später noch erfahren. Nur ein Schlückchen. Jetzt kannst du dir überlegen, ob du weinen willst, während du – vorzugsweise rote – Zwiebeln schälst, sie halbierst und in dünne Halbmonde schneidest. Oder ob du lieber Apfel- oder Birnenscheiben als Auflage wählst. Auf jeden Fall brauchst du Schmand oder Kräuterfrischkäse oder Ziegenkäse oder Gorgonzola. Sind die dreißig Minuten schon um? Dann rolle den Teig auf einem Backblech aus, bestreiche ihn mit Schmand. Und dann belege ihn mit Zwiebeln und Speck. Oder mit Birnen, Walnüssen und Gorgonzola oder mit Äpfeln, Zucker und Zimt. Wenn wir nicht vergessen haben, vorher den Herd vorzuheizen, ist jetzt die Zeit, den Flammkuchen ca. 10 bis 12 Minuten im unteren Einschub des Backofens bei 250° C zu backen. Lass es dir gut schmecken.

Du hast nun eine herzhafte Grundlage. Du hast dich gespürt. Du hast dich geerdet. Du warst achtsam, hast tief geatmet und gelächelt. Du bist angekommen. Zeit für das erste Kapitel

Wenn du nur schwer mit etwas fertig wirst, nimm eine Prise Leichtfertigkeit

Al Dente

Meine Tante war ein Luder. Sagt man. Zu einer Zeit, als hierzulande Salat noch in einer Tunke aus Essigessenz und viel Wasser schwamm, als Nudeln erst kurz vor dem Zerfallpunkt vom Kochwasser erlöst wurden, verließ sie Dorf, Eltern und Geschwister. Die höhere Handelsschule, die sie als Einzige besuchen durfte und sich deswegen schon früh den Neid der Schwestern zuzog, verhalf ihr zu einer gutbezahlten Anstellung in der Automobilbranche. Von ihren Spritztouren zum Gardasee, mit offenem Verdeck und immer mit Handschuhen, Sonnenbrille und Kopftuch, brachte sie neumodische Gepflogenheiten mit: Nudeln gab es Al Dente und nach dem Essen einen Digestif.

Meine Tante war nie verheiratet. Sie hatte Liebhaber. Sagt man. Ein Ehemann passte nicht zu ihrem Leben, denn schon nach ein paar Jahren zog sie zurück ins Dorf zu ihrer verwitweten Mutter und ihrer behinderten Schwester. Für einen Mann war kein Platz in diesem Haus, dafür umso mehr für all die Frauen aus der Nachbarschaft, die ihre Gastfreundschaft genossen und sich von ihr mit dem Auto in die nah gelegene Stadt, zum Einkaufen oder zum Arzt chauffieren ließen.

Sie war ein Luder, sagt man, denn nur ein Luder lässt anstatt des Hühnerstalls eine Garage errichten. Mit einem Flachdach zum Wäschetrocknen und zum Sonnen. Oben ohne – mitten im Dorf. Sie war eine Frau, die sich nie versteckt hat. Auch nicht vor sich selbst. In ihrem Schlafzimmer stand ein Schminktisch, vor dessen Spiegel sie sich die Lippen anmalte, trotz oder wegen ihres Lebens im Dorf.

Wer sich weichkochen lässt, ist leicht um den Finger zu wickeln – in der Arbeit wie auch in der Familie. „Al Dente" hast du den nötigen Biss und die Flexibilität, dich auf die Anforderungen des Lebens einzustellen und dich mit deinen Ideen durchzusetzen.

Das Leben schmecken bietet Rezepte, wie du deine Energie steigern und Würze ins Leben bringen kannst. So wie Kochen nicht anderes ist als Alchemie, vor allem wenn du dich traust, uraltes Wissen mit Mut zum Experimentieren zu kombinieren, ist es auch mit deinem Leben: Lade Raffinesse und Neugierde ein. Dann kommen deine Weisheit, Liebe und Mitgefühl zur Geltung.

Auf Gewürze und Aromen könnte frau nötigenfalls verzichten, jedoch nicht auf Grundnahrungsmittel. Werte sind wie Grundnahrungsmittel. Was sind deine Werte? Was ist dir wichtig im Leben? Und ohne welche „Gewürze" wäre dein Leben SINNlos?

Mhh...
Mhh...
Oh...
Oh...
Mhh...
Oh..
Ah

Wie man isst – so liebt man...

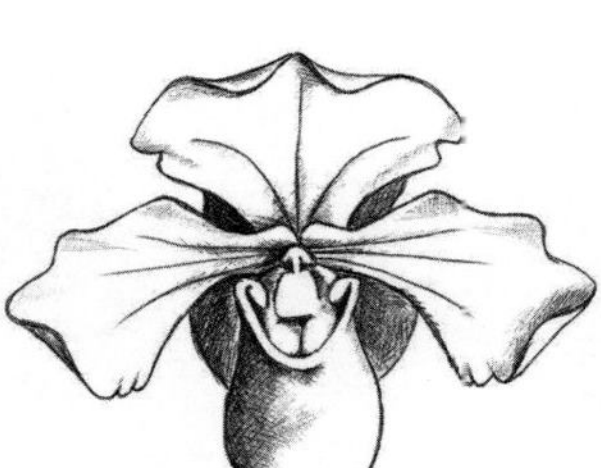

Mhh...

Vorsprachliche Laute haben sich bis in unsere moderne Zeit erhalten. Ein „Mmh", ein „Oh" oder ein genussvolles Seufzen verwandelt uns von der unbeteiligten Beobachterin in eine Genießerin. Deshalb bist du herzlich eingeladen, während du dieses Buch liest, genießerische Laute von dir zu geben.

Auch Botschaften wollen verdaut werden. Dazu dient uns ein AHA. Dieser Laut ist ein Juwel und viel zu schade, um ihn nicht bewusst zu nutzen.

„Ah" wirkt integrierend. Das „Ha" verstärkt diesen Effekt. Einfach so dahingesagt oder sogar mit den Augen rollend, bleibt das Wissen im Hals stecken. Das kannst du leicht nachvollziehen.

Aha heißt: ich habe das Wissen empfangen. Mit Ehrfurcht ausgesprochen, geht der Laut direkt zur Leibesmitte. Dort wird das Wissen verstoffwechselt – einverleibt quasi.

Gaumenkitzel, Götterspeise, Schleckereien: Oh lala.

Nach einem köstlichen Mahl die Finger abschlecken, Schmatzen, mit der Zunge die Lippen umfahren... Dies ist ein ganzkörperlicher Genuss: Auch dein Prachtstück Beckenboden ist beteiligt. Durch die guten Manieren fallen diese neuronalen Verbindungen unter den Tisch. In Italien oder Frankreich is(s)t man unverkrampfter und genießt. Frage dich: Willst du bei Tisch und Bett nur stille Genießerin sein?

Umgangssprachlich sagt man prüden Menschen nach, dass sie "trocken" sind. Interessant in diesem Zusammenhang ist die Wortherkunft von Humor, nämlich "Saftigkeit". Denke auch an Humus, der ja auch feucht ist.

Vielleicht magst du dich mit einer Papaya, Mango, Erdbeeren oder Himbeeren verwöhnen. Genieße sie, wie du noch nie zuvor eine Frucht gegessen hast... Spüre nach.

Aus der Falle rollen – aus der Rolle fallen.
Ich sein. Und du?

Unvernunft

Meine Mutter war ziemlich unvernünftig. Als ich vier Jahre alt war und mein Vater unter der Woche in der Schweiz arbeitete, vermietete sie kurzerhand das elterliche Schlafzimmer. Für mich war das faszinierend. Ich verdiente mein erstes Taschengeld, indem ich einem griechischen Lehrerehepaar Deutsch beibrachte. Ein persischer Ingenieur erzählte Märchen aus Tausend und einer Nacht, und der italienischen Geschäftsfrau durfte ich vortanzen, was ich im Ballettunterricht gelernt hatte. Zwei Jahre gingen ins Land, meine Einschulung stand bevor und meine Mutter übernahm eine kleine Pension. Die Ablöse bezahlte sie vom ersparten Geld, das sie dafür beiseitegelegt hatte.

Mein Vater war unvernünftig, denn er gab einen gut bezahlten und sicheren Arbeitsplatz auf, um die Pension auf Vordermann zu bringen. Dies war auch bitter nötig, denn die beiden Stockwerke in einem Altbau, Nähe der Theresienwiese, auf der alljährlich das Münchner Oktoberfest stattfindet, waren in jämmerlichem Zustand.

Ich ging in die Schule und am Wochenende verdiente ich mir Geld mit Frühstück Servieren. Alles ging gut, bis meine Eltern wieder unvernünftig waren und die Pension gegen ein Hotel in der Innenstadt tauschten. Ich vertrat meine Eltern, wenn sie in Urlaub fuhren, machte die mittlere Reife und fügte mich in mein Schicksal: Ich absolvierte eine Lehre in einem Reisebüro. Nicht irgendein Reisebüro, sondern eines, das für die High Society Golfreisen kreierte. Mit gerade sechzehn Jahren war ich dazu viel zu jung. Die erlesene Kundschaft wollte immer nur mit dem Chef zu tun haben. Da war ich das erste Mal in meinem Leben so richtig unglücklich. Denn zwei Jahre sind eine lange

Zeit, vor allem, weil Aufgeben für mich keine Option war. Für mich galt Zähne zusammenbeißen und durchhalten. Ich erfuhr, was Leidensdruck bedeutet.

Meine Mutter hatte eine Vision. Vielleicht anfangs noch nicht greifbar. Sie wollte dem Korsett des Üblichen entfliehen. Sie wollte sich nicht abfinden mit dem vorgezeichneten Weg als Hausfrau, Mutter und irgendeinem Job zum Geld verdienen. Sie hat für sich ein „neues Normal“ geschaffen.

Um ein selbstbestimmtes Leben zu führen, ist es manchmal notwendig, die vorgegebenen Pfade der Vernunft zu verlassen. Der Mut zu solch einem Entschluss wächst mit zunehmendem Leidensdruck.

Um ein neues Normal zu schaffen, dürfen wir uns in Unvernunft üben. Aus Alice im Wunderland stammt das Zitat: „Manchmal denke ich bereits vor dem Frühstück an sechs unmögliche Dinge.“ Welche sechs unmöglichen oder zumindest unvernünftigen Dinge kommen dir in den Sinn? Wie würde dein Leben anders verlaufen, wenn du diesen Dingen Raum gibst?

6 unmögliche Dinge, die ich schon immer...

Welchen sechs Bereichen in deinem Leben möchtest du mehr Raum geben? Beschrifte die äußersten Felder des Hexagons entsprechend. Wähle die Begriffe mit Bedacht. Befrage deine innere weise Frau, deine innere Geliebte, dein inneres Kind.

Du bist einzigartig!
Warum willst du normal sein?

Schmuck fürs Leben

Manche Begegnungen prägen uns. Während meiner Zeit im Hotel hatte ich mit unzähligen Geschäftsleuten und Touristen Kontakt. Dazwischen waren auch ganz besondere Typen. An einen erinnere ich mich bis heute.

Ich war vielleicht zwölf, als wir einen Teppichhändler als Gast hatten. Herein kam nicht einfach ein Mann, der Teppiche verkauft. Ein Heldentenor von der Gestalt eines Iwan Rebrov betrat die Bühne und nahm an unserem Esstisch Platz. Er trug eine hellblaue Tunika mit aufwendigen Stickereien an den Säumen und einem perlenbesetzten Gürtel über seinem Wanst.

Ich konnte meine Augen gar nicht abwenden von den unglaublich großen Ringen, dem Armschmuck mit Lapislazuli. Seinen mächtigen Hals schmückte eine Kette aus hastdunichtgesehen großen Bernsteinperlen, groß wie Kinderfäuste. Er ließ mich mit einem Armreif spielen und gab mir eine Lektion fürs Leben:

„So einen Schmuck kannst du dir nicht einfach umhängen, dazu musst du reif sein."

Wozu bist du reif? Welcher Schmuck wartet schon lange darauf, von dir getragen zu werden? Jeder Tag kann ein Festtag sein. Warum nicht dieser?

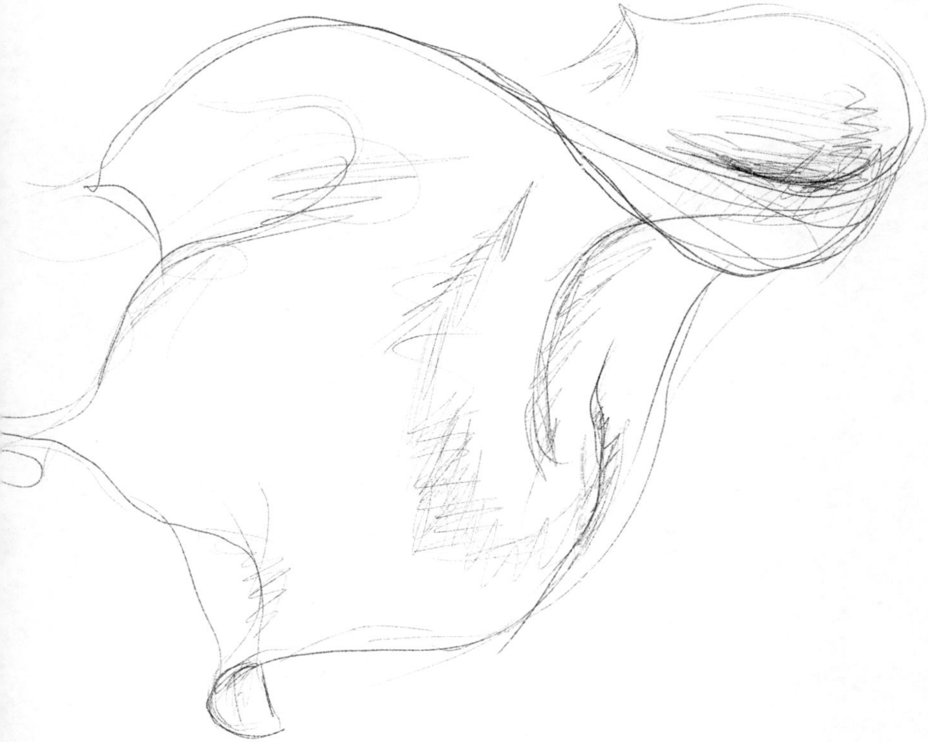

Wir Frauen lieben Nebensächlichkeiten, vor allem wenn sie sich gut anfühlen wie ein Tuch, das unsere Schultern umschmeichelt. Ein schlichtes Outfit verwandelst du durch ein raffiniert gewickeltes Tuch. Und wenn du in Tanzlaune bist, winde es um deine Hüften. Hauche dem gezeichneten Tuch Leben ein. Bemale es nach deinem Geschmack

Kleidung ist mehr als etwas zum Anziehen. Mit einem ausgewählten Outfit zeigst du Flagge, und so manches Schmuckstück will dich ganz – oder gar nicht. Dazu braucht es deine Bereitschaft.

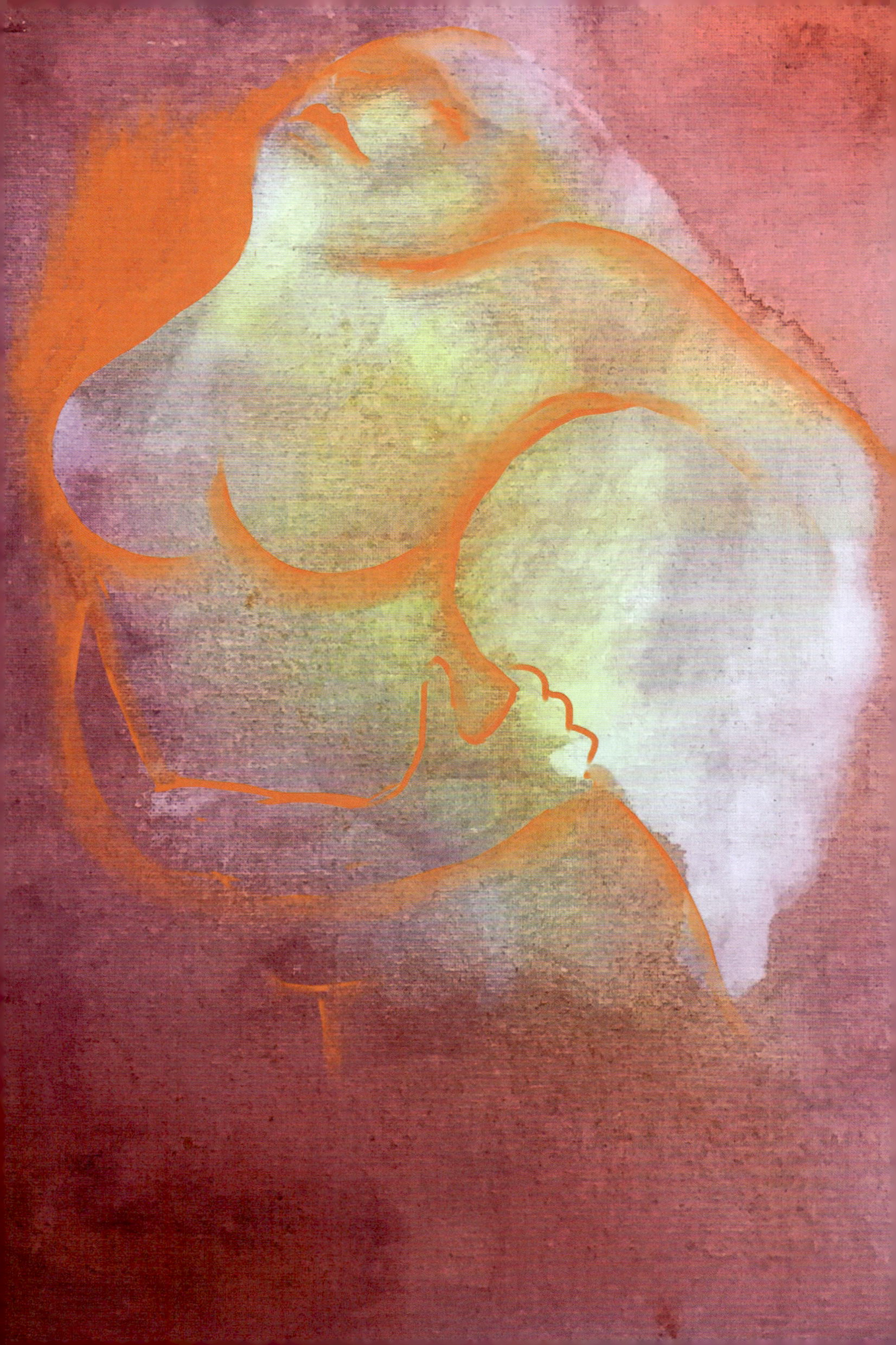

Eine liebevolle Umarmung
ist wie zu Hause ankommen.

Umarmung

Ich war unvernünftig genug, mich nicht mit der mittleren Reife zufrieden zu geben, sondern holte auf dem zweiten Bildungsweg das Abitur nach und wurde – Bauchtänzerin.

Entgegen dem Wunsch meines Vaters, einen anständigen Beruf zu ergreifen, schrieb ich mich für Soziologie ein, und trotz der skeptischen Blicke meiner Mutter lernte ich orientalischen Tanz. Eine gelungene Mischung, wie später deutlich wurde. Denn schon bald war ich eine gefragte Bauchtänzerin. Ich unterrichtete und trat auf und verdiente ziemlich gut. Vor allem aber beobachtete ich mit Soziologinnenblick, wie die Zuschauerinnen im Beisein ihrer begeisterten Männer auf unverkrampfte Erotik und ästhetisch-sinnliche Darbietung reagierten.

Einige wenige von ihnen kamen nach einer Show auf mich zu. Sie gratulierten mir oder fragten mich nach meiner Visitenkarte, um mich für einen Aufritt zu buchen oder um Unterricht zu nehmen. Die meisten anderen jedoch waren still, in sich gekehrt und fühlten sich verwirrt und bedroht.

In unserer Gesellschaft finden wir es „normal", dass Paare mit der Zeit nebeneinander her leben, und dies nicht, weil sie unterschiedliche Interessen pflegen, sondern weil sie sich selbst und ihre Interessen nicht mehr wichtig nehmen. Kinder, Küche und Karriere nehmen immer mehr Platz ein.

Die Auswirkung kennen wir: Wir sehnen uns danach, in den Arm genommen zu werden, aber gleichzeitig sperren wir uns dagegen. Wir bräuchten es so sehr, dass uns Wertschätzung entgegengebracht wird. Ein liebevoller Blick, eine zarte Geste... Und dennoch verhindern wir gerade dies, indem wir abblocken, nicht präsent sind oder manchmal sogar unwirsch zu unseren Liebsten.

Als Bauchtanzlehrerin, durfte Ich immer wieder beobachten, dass Frauen aufblühten, selbstbewusster wurden und von innen heraus zu strahlen begannen. Das lag nur zum Teil an den sinnlichen Tanzbewegungen. Hauptsächlich jedoch daran, dass sie sich selbst die Erlaubnis gaben, etwas „nur für sich zu tun". Der interessante Nebeneffekt: Häufig wirkte sich das positiv auf ihre Beziehungen aus.

Frauen, die sich selbst die Erlaubnis erteilen, sind nicht mehr bedürftig. Sie hören auf zu warten, dass andere ihre Sehnsüchte stillen. Sie nähren sich durch Selbstwertschätzung.

Durch den Tango wurde mir Jahre später bewusst, wie nährend innige Umarmungen sind. Dabei wird das Hormon Oxytocin ausgeschüttet, das Stress und Angst reduziert und Aggressionen dämpft. Vielleicht magst du gute Freundinnen umarmen, statt dich mit Bussi Bussi abspeisen zu lassen. Ein „Ich mag dich einfach mal drücken" entspannt so manche Situation, in der uns die Worte fehlen. Und was spricht dagegen, wenn du selbst gut für dich sorgst mit einem „Kannst du mich mal in den Arm nehmen?"

Ich gebe mir selbst die Erlaubnis:

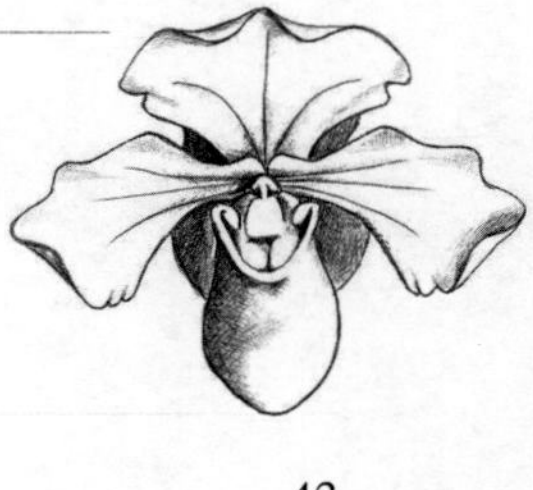

Wenn Zeit kostbar ist,
verbringe sie auf
köstliche Weise

Blümchennachthemd oder Bikerjacke

Manchmal, wenn ich hadere und mich nicht so recht traue, einen Schritt in eine ungewisse Zukunft zu wagen, erinnere ich mich an meine Lehrzeit. Wie würde mein Leben aussehen, wenn ich so weitergemacht hätte? Heute führe ich mir dies noch drastischer vor Augen: Ich stelle mir vor, wie mein Leben als 75-Jährige aussähe, wenn ich mich nicht zu diesem oder jenem Schritt entschließe. Die Szenerie habe ich mir deutlich ausgemalt: Ich bin allein in einem kleinen Zimmer und trage ein Blümchennachthemd, mein Haar hat länger schon keinen Frisör mehr gesehen. Mein Alltag ist trostlos. Ab und zu kommt einer meiner Söhne zu Besuch…

Wieviel anders die Alternative, wenn ich mir ein Herz fasse und mutig meinen Weg gehe: Ich sehe mich voller Elan, habe Freude, mich gut anzuziehen. Mit meiner schicken Frisur und der neuen Bikerjacke aus schwarzem Leder fühle ich mich klasse. Ich bin auf einer Vernissage und unterhalte mich prächtig…

Du kannst dich nicht entscheiden? Dann male dir deine Zukunft aus. Wie sieht dein Alltag zwanzig Jahre später aus, wenn du die Gelegenheit verstreichen lässt. Und wie, wenn du heute neue Weichen stellst.

Die Qualität des Wartens
beeinflusst das,
worauf wir warten

Ankommen

Ein Labyrinth hat nur einen Eingang. Das unterscheidet es von einem Irrgarten. Der Weg mäandert in konzentrischen Kreisen und von oben betrachtet, wartet in der Mitte die ersehnte Belohnung. Wenn wir jedoch die Adlerperspektive verlassen und dem Weg folgen, dann rückt das Ziel umso weiter in die Ferne, je länger wir unterwegs sind. So scheint es zumindest. Ernüchterung macht sich breit, wenn wir erkennen, dass wir scheinbar wieder dort stehen, wo wir losgegangen sind.

Du kennst das, ich kenne das. Das Gefühl, das Ziel nie zu erreichen. Alles umsonst. Spätestens an diesem Punkt geben die meisten Frauen auf. Eingeholt von Selbstzweifeln, dem altbekannten „Ich bin nicht gut genug“, kehren sie resigniert um. Andere wiederum geraten in blinden Aktionismus. Sie gehen schneller, bis sie erschöpft und ausgebrannt ebenfalls aufgeben. „Das schaffe ich nie“ wird zum Mantra. Das Ziel in scheinbar unerreichbarer Ferne und doch so nah.

Nimm dir Zeit für eine kleine Meditation und fahre mit deinem Finger oder einem Stift den Weg im Labyrinth auf Seite 48 vom Eingang bis zum Ziel in der Mitte nach. Beobachte dabei deine Gedanken!

Es gibt ein Rezept, dein Ziel zu erreichen:

Mache dir klar, von wo aus du losgehst, und lege fest, wohin du willst. Was sich wie selbstverständlich liest, wird häufig vernachlässigt. Mache dir Notizen über deine Wegetappen. Wenn du Tagebuch führst oder täglich ein paar Dinge aufschreibst, wofür du dankbar bist, wirst du realisieren, wie weit du bereits gekommen bist. Gönne dir Auszeiten, genieße die Landschaft. Tanke auf. Aber gehe weiter deinen Weg. Und wenn du merkst, dass du dich verlaufen hast, hast du mit Sicherheit wertvolle Einsichten gewonnen. Wenn du angekommen bist, winke anderen Frauen zu und mache ihnen Mut.

Das Leben macht viele Umwege. Die Kunst besteht darin, dabei die Landschaft zu genießen.

Tibetisches Sprichwort

Endlich satt und glücklich sein

Bist du schon mal versehentlich in der Herrenumkleidekabine gelandet? Ich schon. Ich habe sogar das Gefühl, viele Jahre meines Lebens darin verbracht zu haben. Ich habe mich schlicht verlaufen – ohne es bemerkt zu haben.

Nach zehn erfüllten Jahren hing ich den Bauchtanz an den Nagel. Ich wollte wissen, was sonst in mir steckt, und so tauchte ich für zwei Jahre in das Haifischbecken Immobilienverkauf ein. Ich lernte in sündhaft teuren Seminaren aggressive Verkaufsmethoden und erkannte: Das ist nichts für mich und wechselte ins Versicherungsbusiness. Dort wollte man mich erst nicht einstellen: „Für Frauen ist diese Arbeit viel zu schwer". „Euch zeig ich's", war mein Mantra und es ging voll auf. Gerade als Frau war ich besonders erfolgreich.

Ich habe das Spiel der Männer gespielt. Das fiel auch gar nicht weiter auf, schließlich trug ich Röcke. Nur war meine Kleidung eine Uniform. Kampfkleidung, die mir Energie gab und mich schützte. Was ich nicht wahrnahm: Ich hatte mich verlaufen. Yin und Yang verwechselt.

Vielleicht kennst du das Zeichen für Yin und Yang: Schwarz oder Yang seht für die männliche, und weiß für die weibliche Qualität (Yin). Und in jeder Hälfte ist wiederum ein Teil der anderen Qualität enthalten. Als „Bohnenstange" fühlte ich mich in der Yang-Qualität sicher. Dazu gehört Kämpfen, Siegen, Planen, Prüfen. Was nicht so dazu gehört ist Fühlen.

Je erfolgreicher ich war, umso weniger habe ich mich gespürt. Ich habe Gefühle weggedrückt. Vieles nicht an mich rankommen lassen.

Multitasking hat mich innerlich austrocknen lassen. Kollegen bekamen Burnout oder wurden depressiv. Meine Erfolgsorientierung hat mich armselig gemacht. Von Fülle keine Spur.

Dennoch war ich verrückt genug für Kunst und Tanz. Das hat mich mit Lebensenergie gefüllt und Aufgaben kreativ angehen lassen. Ich war anders und auf gänzlich andere Weise erfolgreich. Die Geburt meiner Kinder katapultierte mich in die weibliche Ecke. Aber nur kurz, da ich trotz Kindern weitergearbeitet habe. Karriere – du verstehst... Die Pflege meines Vaters, der an Demenz erkrankt war, hat dann jedoch einen Erdrutsch in mir ausgelöst. Meine Pole haben sich verschoben.

Bereit für Veränderung

Weibliche Themen waren mir bis dahin eher suspekt. Aber ich war neugierig und ausgetrocknet. Und vor allem ich war bereit für Veränderung. Und die kam „zufällig" in Form eines Seminars. Das war nur der Beginn von vielen Schritten in eine völlig andere Richtung. Meinen Körper spüren. Wertschätzung ausdrücken. Freude bereiten. Sinn stiften. Zärtlichkeit empfangen. Dinge, die ich früher nicht an mich ranließ. Für die ich aber mehr und mehr bereit war mich zu öffnen.

Was macht dich satt und glücklich? Was nährt deine Weiblichkeit? Was brauchst du? Wo kannst du auftanken?

Wie wäre es mit einer Lebensenergiecollage?

Ich bin keine Amazone und
keine scharfe Schnitte
und schon gar kein Hascherl.
Wenn schon, dann bin ich
Heldin oder Zauberin.
Meinetwegen auch Muse oder Amme.
Am liebsten aber bin ich: ich selbst.

Wermut

Als Neugeborene werden wir mit einem untrüglichen Instinkt geboren: Wir verziehen den Mund, wenn uns anderes als Muttermilch angeboten wird. Süß bedeutet sicher. Alles, was bitter schmeckt hingegen, kann verdorben oder giftig sein. Erst allmählich bildet sich eine Art Geschmacksarchiv, in dem auch Saures und Salziges seinen Platz hat. Herben Nuancen jedoch verschließen sich manche ihr ganzes Leben lang. Die Nahrungsmittelindustrie reagiert darauf: Bitterstoffe aus Gemüse und Obst werden herausgezüchtet.

Schade, damit wird verhindert, dass sich unser Geschmacksempfinden verändert. Denn manchmal ist gerade das, wogegen wir eine ausgeprägte Abneigung hegen, besonders wichtig für uns. Bitterstoffe unterstützen unsere Leber bei der Entgiftung, regen den Appetit an und sorgen für eine gute Verdauung.

Je mehr wir uns im Kleinen öffnen und unsere Komfortzone verlassen, umso eher werden wir auch bitteren Momenten im Leben souveräner begegnen, statt uns zu versperren.
Wenn wir also nicht nur älter, sondern auch reifer und weiser werden wollen, ist es an der Zeit, dass wir den dunklen Seiten des Lebens begegnen und dabei neue Möglichkeiten lernen, mit bislang abgelehnten Empfindungen umzugehen.

Bist du bereit?

Vielleicht bist du versucht, außer dir zu sein. Wütend. Traurig. Vielleicht wirst du dich ablenken wollen. Stattdessen lade ich dich ein, meine Liebe, nimm eine Hand auf deinen Bauch und eine auf dein Herz und bleib bei dir, während du liest.

Die ersten Tage des neuen Jahres wollte ich besinnlich begehen und mich mit meiner Herkunftsfamilie versöhnen. Bislang habe ich dieses Thema ausgeklammert. Wertlosigkeit und Scham waren die überwiegenden Gefühle, die ich für sie hegte. Aber es kam anders. Schon längst ist mir klar, dass unsere Vorfahren starken Einfluss darauf haben, wie wir im Leben stehen.

Nun aber...

In einer Gruppe von Frauen wurde uns ein Text vorgelesen. Ein sachlicher Bericht eines Hexenprozesses. Nichts Spektakuläres, nur ein ganz normales, zänkisches Weib, das wegen eines nichtigen Vorfalls aus dem Leben gerissen wurde.

Aber darum geht es gar nicht. Es geht um Zahlen!

„So ordnete der Würzburger Fürstbischof 1631 an, dass alle Wochen auf Dienstag, außer wann hohe Feste anfallen, einen Hexenbrand zu thun. Jedes mal 20 oder 30 Weiber, 25 zum allerwenigsten...und nicht weniger als 15 auf einmal einzusetzen und zu verbrennen.“ [1]

Bisher war mir nur bewusst, welch immenses Wissen dieser oft weisen Frauen uns verloren ging. Jetzt ist mir aber klar, in welcher Furcht und Panik ALLE Frauen und betroffenen Familienangehörigen damals lebten. UND ihre weiblichen Nachkommen.

Traumatische Erfahrungen werden nonverbal über viele, viele Generationen weitergegeben...

1 Quelle: Rosmarie Bog „Die Hexe. Schön wie der Mond, hässlich wie die Nacht.“

bis an einem bestimmten Punkt Bewusstsein ins Spiel kommt und Heilung.

Wenn wir Teile unseres wunderbaren Frauenkörpers ablehnen, dann hat das Geschichte. Wenn wir unseren Busen nicht zeigen, unsere Scham verstecken, uns klein machen und ducken...

Es gilt, dass wir wieder in unsere Größe kommen.

Wenn wir uns also um eine aufrechte Haltung bemühen, uns dehnen und statt in den Boden – anderen wohlwollend in die Augen schauen, wenn wir unsere Weiblichkeit wieder feiern lernen, dann bieten wir unseren Töchtern und Schwestern neue Spiegelbilder der Wertschätzung und Selbstermächtigung.

Vergessenes Wissen taucht dann wieder auf, wenn du diesen Gedanken Raum gibst. Atme tief ein und mit einem Seufzen aus.

Schattenschwestern

Mit solch dramatischen Ereignissen galt es „fertig zu werden", zu lernen, sie „irgendwie auszuhalten". Jede für sich und bis heute, denn Schande und Scham werden weitergegeben, von Generation zu Generation. Es sitzt uns in den Gliedern, in Mark und Bein, bis auf die Knochen... Es ist längst in unseren Genen verankert und vieles davon hält uns Frauen heute noch klein.

Was wir nicht aushalten können, wird totgeschwiegen, verdrängt und ins Dunkle geschoben. Und bei manchen Gelegenheiten wird ein wenig die Decke gelüftet, sich gegruselt und Dampf abgelassen. So nimmt es nicht Wunder, dass in manchen Orten am Faschingsdienstag „bei gutem Wetter die Hexenverbrennung stattfindet". Dazu wird freundlich eingeladen und zum Transport eine Busfahrt arrangiert. Wohlgemerkt: Diese freundliche Einladung stammt nicht von 1631, sondern datiert aus 2016!

Bist du noch bei dir? Karneval ist eine Möglichkeit, damit fertig zu werden, und dient als Ventil. Wut und Empörung, und somit außer sich zu sein, eine andere. Beide helfen uns hier nicht weiter. Es gilt einen anderen Weg zu finden, den weiblichen Weg...

Verantwortung

Was wir lernen können, ist das Dunkle anzuerkennen und zu halten. Mit unserem Atem zum Beispiel. Und mit offenem Herzen. Das ist etwas gänzlich anderes. Wir erkennen, dass wir keine Schuldigen suchen müssen. Dass wir keine Verantwortung übernehmen müssen für das, was geschehen ist, ja, gar keine Verantwortung übernehmen können. Wohl aber dafür, wie wir heute damit umgehen. Und dafür braucht es Bewusstsein.

Deinen Körper wieder in Besitz nehmen

Es gab genau zwei Möglichkeiten für Frauen, sich zu schützen: sich unsichtbar und körperlich unattraktiv zu machen oder ins Kloster zu gehen. Oder sich in den Augen der Männer so attraktiv oder hilfsbedürftig wie möglich darzustellen und zum Objekt zu werden

Andere Möglichkeiten gab es nicht, denn es galt, als Frau nicht aufzufallen – oder eben alles dranzusetzen, um wichtig und begehrenswert genug zu sein – einerlei: beides grenzte an Selbstaufgabe.

Bis heute spüren sich viele Frauen nicht in ihren Körpern. Nehmen ihn nur wahr, wenn er schmerzt. Es wird operiert, was nicht schön genug ist, sie vergleichen sich mit anderen, fasten aus fraglicher Motivation oder stopfen aus Frust in sich hinein. Lustvolles Liebesspiel ist für sie etwas, das sie aus Illustrierten kennen. Dabei ist es unser Körper, der uns die Möglichkeit bietet, in unsere Größe und Würde zu kommen.

Erlaubnis und Selbstermächtigung sind wirksame Möglichkeiten, unseren Selbstwert zu steigern und uns tief zu empfinden. Zurückholen dürfen und müssen wir auch unseren weiblichen Ausdruck, ob in Form eines edlen Duftes, individueller Kleidung, Schmuck und der Art und Weise, wie wir unsere Haare tragen, für uns selbst wohlgemerkt und nicht aus der Überlegung heraus, ob das gefällt. Zu oft sind wir uns selbst gegenüber alles andere als großzügig.

Spüre in dich hinein, welchen Unterschied es macht, deine Lippen mit einem edlen Stift sinnlich rot anzumalen. Und wie frau sich beim Auftragen eines billigen Fettstiftes auf gespitzten Lippen fühlt – oder eher – nicht fühlt.

Nur wenn wir lernen, uns ganzheitlich zu nähren und auch in kleinen Dingen zu uns großzügig zu sein, werden wir auch von außen empfangen. Denn das, wonach wir uns sehnen, müssen wir uns erst mal selbst geben.

Der weibliche Weg

Es ist an der Zeit, dass wir auch den dunklen Seiten in uns Raum geben und uns mit unerlösten Themen beschäftigen, ohne ins Drama einzusteigen. Zeiten der Stille, Auszeiten wie sie uns die Raunächte bieten, die Zeit rund um die Monatsblutung oder Jahresfeste bieten dazu Gelegenheit.

Wir Frauen haben die Fantasie und Begabung, Orte zu erlösen. Durch ein Innehalten können wir so manchen Kummer, der seit langem einem Platz anhaftet, auflösen. Als Mütter und Vorbilder achten wir auf unsere Sprache. Wir werden zunehmend bewusster und weiser in der Wahl unserer Worte. So wie wir auch immer mehr das in Frage stellen, was wir seit Generationen ungeprüft übernommen haben, ob das die Glaubenssätze sind oder die Art und Weise unserer täglichen Ernährung. Wichtig ist auch, dass wir uns in unserer Arbeit, im Business, in der Kunst nicht länger zurückhalten, sondern in die Sichtbarkeit kommen, unseren Wert erkennen und zu uns stehen.

Der weibliche Weg ist keiner, den du allein gehst. Es ist die Gemeinschaft und die Verbundenheit mit anderen Frauen, die sich gegenseitig unterstützen, Mut zusprechen und sich in ihrer Einzigartigkeit wahrnehmen und feiern.

Vergessenes Wissen taucht wieder auf. Vielleicht magst du dich damit verbinden, indem du in der nächsten Zeit bewusst bittere Kräuter und Lebensmittel in deinen Speiseplan mit aufnimmst. Hier eine kleine Auswahl: Wermut, Kresse, Lorbeerblätter, Thymian, Endiviensalat, Brokkoli, Amarant, Artischocke, Bier, Kurkuma, Rosenkohl, Majoran…

Hier ist Platz für ein Bild deiner Ahnen

Mit dir EINS SEIN
bedeutet: Schenk dir Zeit
in deiner eigenen
Gesellschaft

Schnuppern

Nimm Kontakt zu dir selbst auf. Atme tief ein. Koste den Atem, so wie ein Parfümeur die Essenz einer zart duftenden Blüte in sich aufnimmt. Welche Aromen liegen in der Luft? Schnuppere das Leben. Bewege deinen Oberkörper dabei in kleinen, schlängelnden Bewegungen. Wie ein Schilfrohr im Wind. Dann öffne deinen Mund und genieße es, wenn du die Luft beim Ausatmen sanft mit einem Genussseufzen entweichen lässt. Gleich noch einmal, diesmal mit geschlossenen Augen. Mmh.

Du kannst nun beim Einatmen einen freudigen Gedanken aus deiner Liste der „unmöglichen Dinge" inhalieren. Bewege den Gedanken in deinem Herzen und lasse ihn mit einem Lächeln wieder los.

Um in deine weibliche Kraft zu kommen, brauchst du Zeit, Raum und Wohlgerüche.

Wohlgerüche. Erinnere dich: Düfte kannst du tief in deinen Schoßraum strömen und in dir tanzen lassen.

Hast du ein Lieblingsparfum? Besprühe die Duftwolke damit.

Scham vertrocknet Seele und Leib

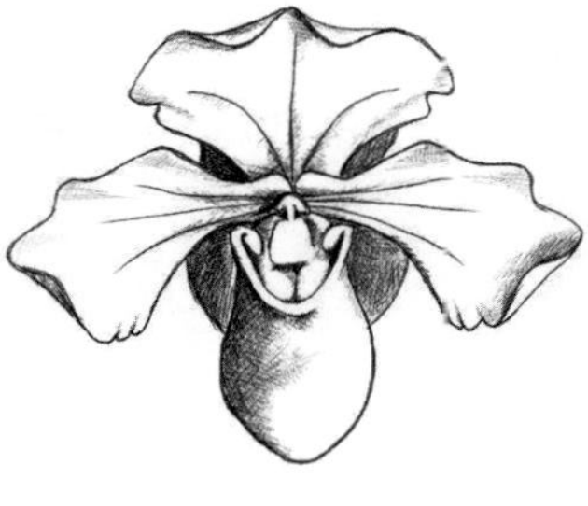

Zeit für Geschenke

Als Ausgleich zu meiner taffen Businesswelt habe ich den argentinischen Tango für mich entdeckt und tanze mit meinem Mann leidenschaftlich gerne. Als ich vor einigen Jahren wegen massiver Fußprobleme das Tangotanzen immer wieder unterbrechen musste, fing ich an, mich intensiv um meine Füße zu kümmern. Mein Leidensdruck wurde noch deutlich erhöht, weil mein Mann weiter tanzte und ich… ganz viel dazulernte.

Als es besonders schlimm war mit meinen Füßen, führte mich meine Intuition in ein Seminar über Tara – die Göttin des Mitgefühls. Ich mag Herausforderungen, diese aber sollte mein Weltbild auf sehr drastische Weise zurechtrücken.

Am dritten Tag bereiteten wir uns mit einer Zeremonie auf eine Visualisierung vor. Diese Meditation war für mich anders. Anders als je zuvor. Denn während der Visualisierung spürte und sah ich Tara deutlich vor mir. Eine unglaubliche Präsenz ging von ihr aus. Ihr Blick voll unendlicher Güte ruhte auf mir. Ich war ergriffen und vor tiefster Ehrfurcht wäre ich nie, nie auf die Idee gekommen, mit ihr zu sprechen.

Genau dazu wurden wir aber aufgefordert: Kontakt aufzunehmen, Fragen zu stellen. Und zu meiner größten Verwunderung bekam ich eine Antwort. Eine Antwort, die ich bis heute nicht vergessen habe. Auch jetzt, wenn ich dir darüber schreibe, spüre ich wieder einen Schauer und tiefe Ehrfurcht. Ihre Antwort lautete:

„Ich mache dir täglich Geschenke – du aber gehst über sie hinweg wie über ungewaschene Socken, die auf dem Boden herumliegen.“

Puh! Das hat gesessen. Welche Geschenke? Täglich? Socken?

Ich habe anfangs nicht verstanden, was sie mir sagen wollte. Es hat eine Weile gedauert, bis mir klar wurde, dass damit alle meine Probleme gemeint sind. Dass mir wirklich alles „dient“. Dass alles angeschaut werden will, statt vorschnell verurteilt zu werden.

Seitdem nenne ich Probleme liebevoll meine „dreckigen-Socken-Geschenke“. Meine schmerzenden Füße habe ich von da an als Herausforderung betrachtet. Im Nachhinein waren Fußschmerzen und der vorübergehende leidvolle Verzicht auf Tango – das größte Geschenk seit langer Zeit. Vor allem ergab sich für mich plötzlich ein Sinn hinter meinem mäandernden Lebensweg. Ich habe meinen roten Faden entdeckt. Unter anderem ist dieses Buch daraus entstanden

Im Wort PROblem steckt bereits die Antwort: Die Vorsilbe „Pro“ bedeutet „für“ und nicht gegen uns. Das, was uns passiert, geschieht, damit wir etwas verstehen und ändern können. Wenn dich etwas bekümmert, zücke dein Tagebuch und schreibe: „Das was gerade passiert, geschieht, damit...“ Nimm dir 10 Minuten Zeit der Stille und ergänze, was dir in den Sinn kommt. Du wirst erfahren, dass du an weiblicher Kraft gewinnst, statt Macht abzugeben, wenn du Probleme auf diese Weise betrachtest. Mmh.

Erinnere dich an ein Problem, das sich in Nachhinein als Segen herausgestellt hat.

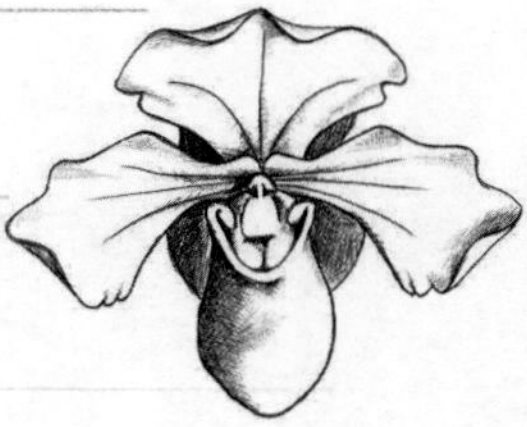

Wenn deine Mitte stark ist,
wachsen dir Flügel

Modediktat und Schlankheitswahn

Nach einer weiteren Durchsage war klar, ich werde den Anschlussflug nicht erreichen. Es war am Flughafen von Marrakesch, am Ende einer eindrucksvollen Woche. Wir, eine Gruppe von zwölf abenteuerlustigen Unternehmerinnen, haben marokkanische Frauenprojekte besucht: Eine Kooperative, in der verwitwete und alleinerziehende Frauen Arganöl gewannen, um es dann geschäftstüchtig zu verkaufen. Eine Safranplantage, entstanden aus Frauenhand, dort, wo noch vor wenigen Jahren nur Sand und Geröll zu sehen war. Ein Stadthotel, in dessen Innenhof wir erst gemeinsam kochten und später im Hamam lachend unsere Befangenheit ablegten.

Wir begegneten Frauen, die Projekte aus dem Bauch heraus anpacken. Frauen, die wissen, was sie wollen.

In dieser Woche haben wir gelernt, wie wohltuend Entspannung für uns Frauen ist. Im Alltag kommen Pausen zu kurz, hier aber erfahren wir, wie sinnlich und nährend es ist, auf Teppichen unter Schatten spendenden Bäumen Nachmittage lang Lebensgeschichten zu lauschen. Aber nun galt es Abschied zu nehmen und uns wieder neu auszurichten auf Deutschland.

Meine Lektion in Sachen Weiblichkeit und Frauenpower sollte aber noch nicht zu Ende sein…

Es gibt Begegnungen, die uns nachhaltig beeindrucken. So war es mit Mama Ruth. Um genau zu sein, war sie stolze Großmutter, auf dem Weg aus dem Senegal nach Berlin. Dort warteten ihr Sohn und der neugeborene Enkel auf sie. Ihre Pläne wurden durchkreuzt, denn so wie ich würde auch sie ihren Anschlussflug verpassen. Bereits in Marrakesch im Duty-Free-Shop konnte ich meinen Blick kaum von ihrem kunstvoll gebundenen Tuch auf ihrem Kopf abwenden.

Später in Frankfurt, als klar war, dass ich an diesem Abend nicht weiterkomme, war es ihre Stimme, die nicht nur meine Aufmerksamkeit auf sich zog. Samten, tief und unüberhörbar, dass auch sie die Nacht im Flughafenhotel verbringen würde. Und da stand sie, in all ihrer fülligen Schönheit. Eine African Beauty – stolz, sympathisch und in einem extravaganten Kleid, das zu tragen es Mut braucht. Als ich ihrem ratlosen Blick begegnete, bot ich ihr an, mir zu folgen, denn der Shuttle sollte uns beide zum Hotel bringen.

Nun, wenn ich einen Bus erwischen möchte, dann lege ich gewöhnlich einen Schritt zu. Nicht so Mama Ruth. Die zahlreichen Armreifen an ihrem Handgelenk klimperten, als sie nach ihrem Trolley griff. Und dann ging sie nicht etwa, sie setzte sich in Bewegung. Jeder Schritt war eine Sensation. Sie bewegte sich wie eine Diva. Obwohl ich müde war und auch ein wenig entnervt über die Umstände, nahm ich unweigerlich Haltung an und konnte mir ein Grinsen nicht verkneifen über diese unverhoffte Lektion in Sachen Körperhaltung.

Im Bus klopfte sie mit ihrer Hand auf die Sitzfläche neben sich und lud mich ein: „Take a seat, Darling." Während der halbstündigen Busfahrt ermahnte sie mich, was ich auf meiner Reise gelernt habe zu pflegen und legte mir ihre Sicht dar: Dass die Europäerinnen selten stolz sind auf ihre Hüften und sich nicht im Becken wiegen. Dass viele ihren Bauch nicht mögen und ihn weghungern. „Himmel – kannst du dir das vorstellen? Den Bauch, in dem unsere Kinder wachsen??? A belly must be happy! Im Bauch steckt doch unsere weibliche Intuition. Darling, it's so crazy..."

Lege eine Hand auf deinen Bauch, die andere auf dein Herz. Atme tief. Beim Einatmen sage dir innerlich: „Ich bin schön". Beim Ausatmen: „So wie ich bin."

Welchen Körperstellen magst du heute besondere Beachtung schenken? Starte zum Beispiel mit deinem linken Ellenbogen. Massiere ihn und erkunde ihn neugierig. Was braucht diese Körperstelle? Druck, Wärme, ein wenig Creme oder nur eine sanfte Berührung? Erkunde in den nächsten Tagen all die blinden Flecken deines wunderbaren Frauenkörpers.

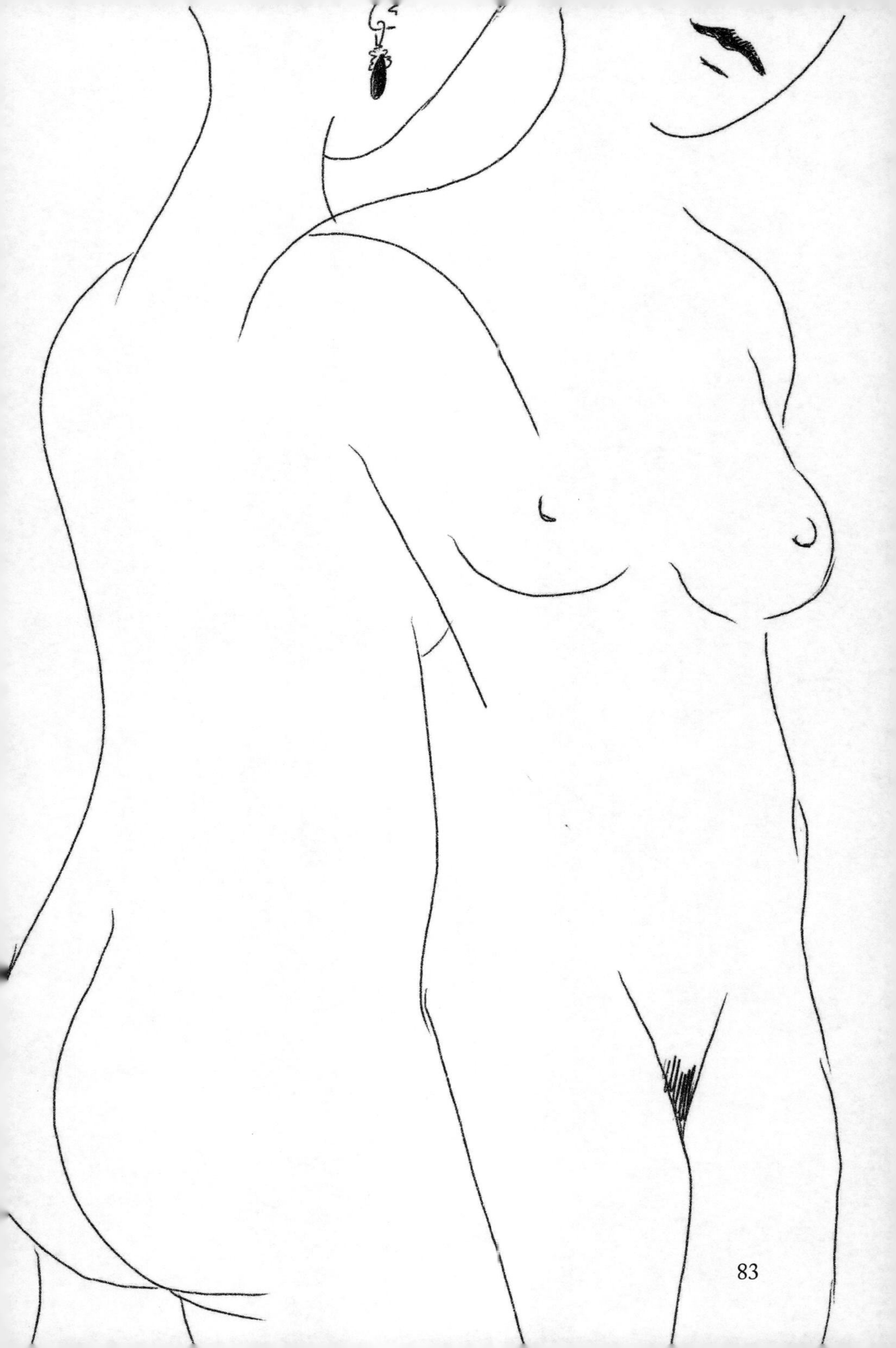

Erleuchtung: Einverstanden sein mit dem, was ist

Wenn es schnell gehen muss – geh langsam

Wenn ich Frauen darin begleite, zu sich zu stehen, benutze ich häufig innere Bilder. Unser Körper reagiert auf Imaginationen verblüffend stark. Hier eine meiner Lieblingsübungen, mit der du auf eindrucksvolle Weise einen spür- und sichtbaren Effekt erzielst. Bist du bereit für ein Aha-Erlebnis? Du kannst die Übung tagsüber in der Arbeit oder in der Mittagspause machen und wirst Freude damit haben.

Dazu gehst du flott eine kurze Strecke, und zwar so, als ob du – noch kurz vor Ladenschluss – zum Supermarkt willst. Wahlweise zu einem Kollegen, dem du noch unbedingt einen Schlüssel mitgeben willst, bevor er das Haus verlässt. Stelle dir diese Situation deutlich vor. Wirf dabei innerlich einen Blick auf dich, deine Haltung, deine Schrittlänge und deinen Atem.

Wenn ich es eilig habe, dann...

Nun behalte diese Empfindungen, deine Körperhaltung, deine Schrittlänge und die Geschwindigkeit bei, schlüpfe aber in eine andere Rolle:

Sei eine Priesterin, eine hoch angesehene Heilerin oder ein weiblicher Häuptling. Meinetwegen auch ein hochangesehener Gast in deiner Firma.

Würde und Hektik vertragen sich überhaupt nicht. Du siehst: Innere und äußere Haltung korrespondieren sehr eng. Schrittlänge und Tempo richten sich nach unserer inneren Haltung.

Absurd – nicht wahr?

Geh noch einen Schritt weiter. Überlege dir: Auch wenn etwas dringlich und wichtig für dich ist, mit welcher inneren und äußeren Haltung, mit welchem Tempo wirkst du entschlossener und wirst ernster genommen mit deinen Bedürfnissen und Anliegen?

In der Ruhe liegt die Kraft – und deine Würde.

Deine wunde Stelle ist
immer das Tor zu dir selbst

Tee für die Seele

Wie bei einer Muschel, die von außen unansehnlich ist, kann sich im Inneren eine zauberhafte Perle verstecken. So ist das auch mit Begegnungen, deren Botschaft sich uns manchmal erst im Nachhinein erschließt. Vor vielen Jahren, ich war gerade dabei in eine neue Wohnung zu ziehen, fiel die Wohnungstür ins Schloss und ich war ausgesperrt und ausgebremst, denn all meine Emsigkeit kam mit einem Türenknallen zum Erliegen.

Nach einigen Momenten, in denen ich ungläubig und verwirrt auf den Türknauf starrte, drehte ich mich um und klingelte bei meiner neuen Nachbarin. Sie öffnete mir – und eine neue Welt tat sich für mich auf.

Alle Hektik fiel von mir ab, als sie mich sachte am Arm berührte, während ich ihr mein Dilemma darlegte. „Setzen Sie sich erst einmal. Ihre Seele braucht jetzt eine Tasse Tee." Ein Teil von mir wollte empört reagieren: „Bin ich hier im falschen Film – versteht sie nicht, dass ich in meine Wohnung muss?" Aber tief drinnen erkannte ich, dass sie sehr wohl verstand, was ich wirklich brauchte: ein Schlüsselerlebnis.

Diese eine Stunde, in der mir meine Nachbarin ihre volle Aufmerksamkeit schenkte, sollte mich nachhaltig prägen. Während ich an meinem Tee nippte, erzählte sie mir, wie sie sich als junge deutsche Frau in einen iranischen Kommilitonen verliebt hatte. Sie heirateten bald, jedoch nur unter der Voraussetzung, dass sie ihre Wohnung in Deutschland behalten würde, um jährlich einige Wochen hier bei ihren Eltern und Geschwistern zu verbringen. Ihr Mann leitete mehrere Fabriken im Iran und richtete es sich so ein, dass er zumindest für kurze Zeit ebenfalls in Deutschland an ihrer Seite verbringen konnte. Und bei jedem Wiedersehen brachte er seiner Frau Kleinigkeiten für die Seele mit. Puder, getrocknete Früchte, Parfum. Und immer wieder fragte er sie: „Was braucht deine Seele?"

Vielleicht musst du, wenn du dies liest, ebenso seufzen wie ich damals. Mich hat bis dahin noch niemand danach gefragt, was meine Seele sich wünscht – ich selbst am allerwenigsten. Und genau dies ist so wichtig, erklärte sie mir: „Meinem zukünftigen Mann verstehen zu geben, dass ich meine Wohnung behalten musste, weil ich sonst unglücklich wäre, war ein Meilenstein in unserer Beziehung."

Dass es geradezu überlebenswichtig für unsere Frauenseele ist, unsere Bedürfnisse und Wünsche wichtig zu nehmen, wurde mir bei dieser Begegnung mehr als deutlich vor Augen geführt.

Verwöhne dich mit einer Tasse Tee und schreibe auf: Was braucht deine Seele? Was ist wichtig für dein Glück? Was kannst du dafür tun? Was kannst du heute noch dafür tun?

Ausnahmslos jeder Teil
unseres wunderbaren
Körpers ist es wert,
geliebt und
angenommen
zu werden

Füßigkeiten

Süßkram, gesalzene Nüsse, Coffee to go, Cola und Softdrinks... In unserer Kindheit sind wir mit Gummibärchen und Traubenzucker belohnt, abgelenkt oder getröstet worden. Wir haben gelernt, Mutterliebe mit Süßigkeiten zu verknüpfen. Und heute noch müssen solche Dinge als billiger Ersatz für das herhalten, wonach wir uns eigentlich sehnen. Jetzt, Jahrzehnte später, ist die Sehnsucht nach Geborgenheit immer noch wach in uns und wir versuchen nach wie vor satt und glücklich zu sein. Mit Süßkram & Co. stillen wir diesen Hunger jedoch nur für den Augenblick. Im Gegenteil – wir nähren unser Mangeldenken.

Durch meine intensive Beschäftigung mit unserem weiblichen Körper habe ich gelernt, dass es wichtig ist, diesen Hunger anderweitig zu stillen:

Schau dich in deiner Wohnung um. Hast du raue Naturhaarbürsten, feine Kosmetikpinsel, Nagelbürsten, Körperbürsten, Federn? Einen Seidenschal, ein Stück Fell und ein Geschirrtuch aus grober Baumwolle oder Leinen?

Mache es dir im Bad oder an einem warmen Ort bequem und werde kreativ. Rubble oder bürste deinen gesamten Körper ab, liebkose dich mit Seide oder einem feinen Kosmetikpinsel. Gleite damit zwischen deine Finger und Zehen hindurch. Streiche genüsslich Finger und Zehen aus. Umspiele Gelenke. Fahre lange Knochen entlang. Komm ins Spüren. Wo bist du empfindlich? Wo gibt es taube Stellen? Sei neugierig und spielerisch.

Lausche! Wie hört sich Seide auf deiner Haut an? Wie empfindest du grobe Baumwolle? Ist ein Bürstenstrich kitzelig? Beobachte, ob sich die Hautfarbe verändert. Was nimmst du wahr?

Füßigkeiten und was dich wirklich nährt

Hildegard von Bingen und auch Ayur Veda-Ärzte wussten, dass ein gesunder Darm glücklich machen kann. Auch der Volksmund weiß es: Liebe geht durch den Magen. Ein Verlangen speziell nach fett und süß weist auf ein Ungleichgewicht hin. Etwas ins uns will genährt und ein tief sitzender Hunger gestillt werden.

Wenn du diesem Empfinden mit Süßigkeiten nachkommst und danach immer noch das Gefühl von innerer Leere empfindest, brauchst du nichts zum Essen.

Dem, wonach du dich wirklich sehnst, kannst du durch folgende Übung auf die Schliche kommen.

Notiere Dinge, Personen, Erfahrungen, die dich innerlich jubeln lassen und die du mit folgenden Worten in Verbindung bringst: z.B. Niedlich: die Bastelarbeit eines Kindes.

Das ist aber süß! ______________________________

Niedlich ____________________________________

Goldig _____________________________________

Entzückend _________________________________

Knuffig, putzig, knuddelig ________________________

Herzig _____________________________________

Herzallerliebst _______________________________

Lieb, lieblich ________________________________

Nett ______________________________________

Putzig _____________________________________

Orte erlösen,
einen Menschen berühren,
einem Haus Leben einhauchen,
ein Business beseelen,
den Moment dehnen,
einen beliebigen Gegenstand beleben,
innehalten, deine Hand auflegen,
da sein.

Das alles kannst du. Erinnere dich.

Schnappschuss

Geht es dir gut? Schöne Momente wollen wir gerne festhalten. Im Urlaub machen wir Schnappschüsse und in letzter Zeit haben Selfies Konjunktur. Früher haben wir Fotos zum Entwickeln gebracht und die schönsten in Alben geordnet oder hübsch in einen Rahmen gesteckt. Bilder erinnern uns an besondere Augenblicke und können unsere Stimmung heben. Doch manchmal haben wir keine Kamera dabei, manchmal ist ein zauberhafter Moment so schnell vorüber, dass es vergeblich wäre, das Handy aus der Tasche zu fischen. Ich sage dir, das ist auch gar nicht nötig.

Das Staunen über einen Regenbogen, die ungebändigte Freude über ein Wiedersehen, der beglückende Moment einer zarten Berührung – all dies kannst du festhalten: Mache einen Schnappschuss mit deiner magischen Kamera.

Normalerweise schauen wir mit unseren Augen „nach außen". Wenn du etwas betrachtest, fotografierst oder nur kurz Notiz von etwas nimmst, bist du beim Objekt und dennoch getrennt davon. Du kannst dies jedoch umkehren und das, was du siehst „in dir" sehen. Dabei wird dein Blick weicher und nicht mehr fokussiert. Dein Herz geht auf und verbindet sich mit deinen Augen. Du siehst jetzt mit verliebten Augen. Und nun mache einen geistigen Schnappschuss und trage ihn in deinem Herzen.

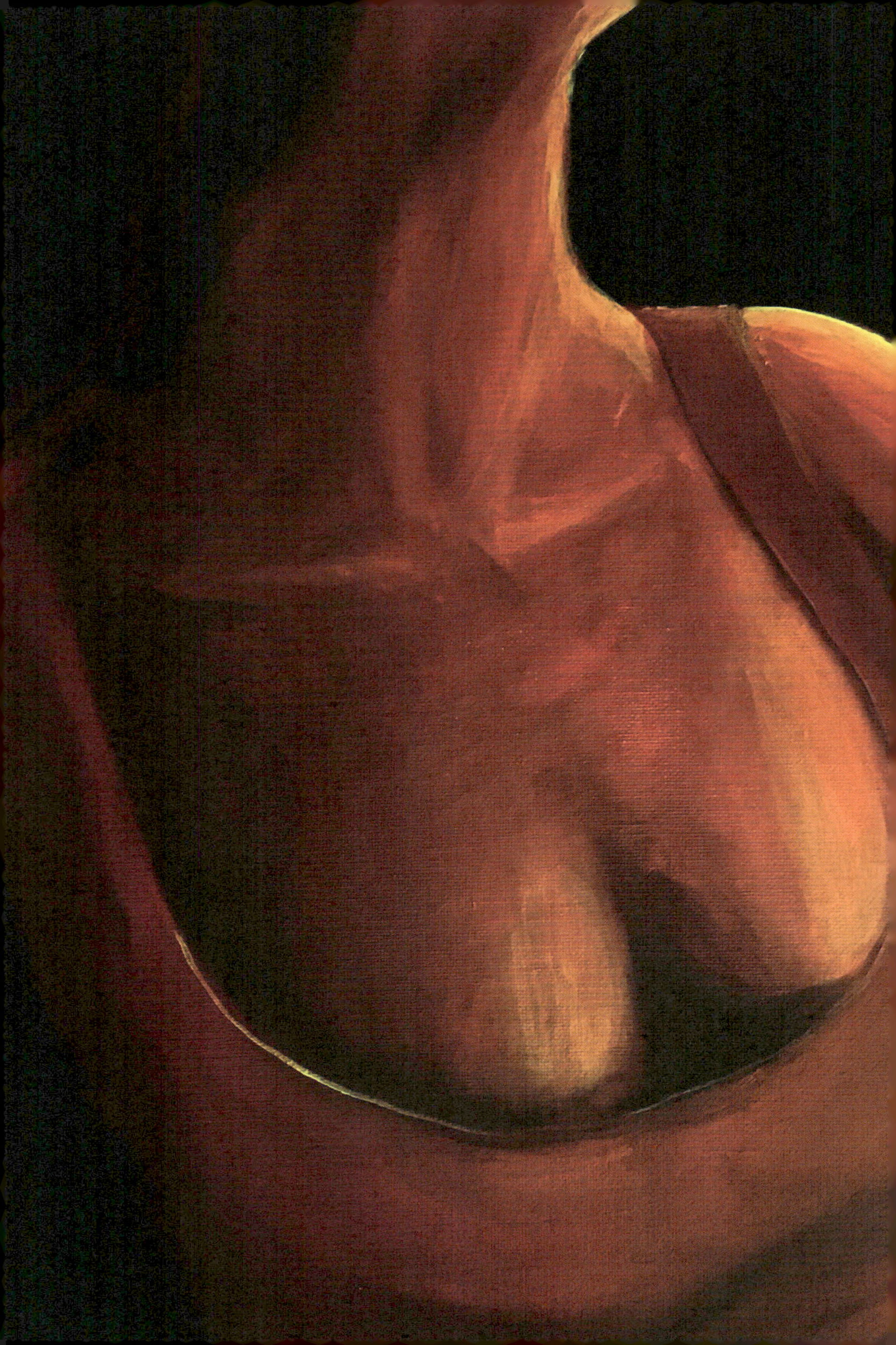

Durch Warten wird
frau nicht reif, sondern
nur alt

Frauenzimmer

Ein eindrucksvolles Haus, prächtig und in Hanglage gegenüber der Basilika. Wir waren über das Wochenende zu Gast. Von der Hausherrin keine Spur. Burnout – klärte uns Alfredo auf. Seine Frau befand sind in einer Nobelklinik, um dort wieder zu Kräften zu kommen. Nach dem Espresso auf der Terrasse, gesäumt von uralten, knorrigen Olivenbäumen, führte uns Alfredo stolz durch sein Haus. Klare Linien, edle Fliesen, ein Esstisch, groß genug, eine Fußballmannschaft ohne Probleme zu verköstigen.

Ich zog mich zurück, die lange Fahrt hatte mich schläfrig gemacht. Im Halbschlaf wirkten die Eindrücke auf mich und es tauchte ein Gedanke auf: Ein Herrenhaus – aber wo ist das Frauenzimmer? Ich fand es schließlich, als ich zur Toilette musste: Das Gästeklo. Es war der einzige Raum, in dem ich auf Hinweise auf ein weibliches Wesen stieß. Parfumflakons, duftende Seifenstücke, afrikanische Skulpturen – wahrscheinlich Erinnerungen an eine frühere Reise. Die Wand war in einem freundlichen Ockerton gehalten, der einzige Farbklecks in den sonst nüchtern in Schiefergrau und Weiß gehaltenen Räumen. Wie verloren und an den Rand gedrückt muss sich eine Frauenseele fühlen angesichts von Räumen – groß wie Ballsäle, aber kein Raum, um sich zurückzuziehen und für sich zu sein.

Wie häufig beobachten wir, dass sich Frauen bescheiden. Sie lassen allen anderen den Vortritt und begnügen sich mit einem Platz in zweiter Reihe. Wir dürfen, ja müssen lernen, aus der Passt-schon-Mentalität herauszukommen. Wie wollen wir Vorbilder für unsere Töchter, Enkelinnen und all die Frauen in unserem Umfeld sein, wenn wir uns selbst nicht wichtig nehmen.

Meine Berufung ist es, Frauen einen Bezug zu ihrem Körper zu vermitteln, und manchmal verwende ich dabei das Bild, dass wir in unserem Körper, der unser Palast sein könnte, nur das Gästeklo bewohnen. Die Entsprechung von „Wie innen – so außen“ wurde mir hier deutlich vor Augen geführt.

Beginne im Kleinen: Schaffe dir Platz in Ecken, auf einer Kommode, in einem Regal oder auf deinem Nachtkästchen. Kleine Oasen der Weiblichkeit, die dein Auge erfreuen und dich beim Vorbeigehen lächeln lassen. Dies sind Kraftinseln – nur für dich. Schmücke sie mit Symbolen, Blumen, Bildern. Sei kreativ und lasse nicht zu, dass sie als schnöde Ablagefläche missbraucht werden.

Wenn du dir Raum gibst, unterstütze dich körpersprachlich dabei, indem du mit deinem Zeigefinger sanft den Ich-Punkt beklopfst. Das ist die Stelle, auf die du zeigst, wenn du „Ich“ sagst. Hier befindet sich zudem die Thymusdrüse.

Platz für dich

Die nächsten Seiten gehören dir. Dort kannst du dich auszubreiten. Bist du raumgreifend oder konzentrierst du dich auf die Ecken? Mit welcher Ecke beginnst du? Lässt du dir Zeit oder kannst du es kaum erwarten? Wie geht es dir damit?

Perfekt zu sein ist das Gegenteil von gut genug zu sein

Tango

Mit dem Kopf schütteln, also NEIN sagen, ist eine prima Sache. Einzig, wer schüttelt heutzutage noch vehement den Kopf? Im Gegenteil, viele Frauen berichten mir, dass sie lächeln, statt Nein zu sagen, wenn sie Nein fühlen. Ein Lächeln, das gefriert und uns vertrocknen lässt. Nein ist ein ganzer Satz, lesen wir. Wenn wir diesen ganzen Satz jedoch nicht zum Ausdruck bringen, sperren wir uns selbst in einen Käfig. Wir meinen dann, andere müssten doch erkennen, dass es uns nicht gut geht. Nein, tun sie nicht.

Die ungünstigste, wenngleich sehr gebräuchliche Methode ist, das Nein aufzusummieren. Alle nicht ausgesprochenen, nicht zum Ausdruck gebrachten Neins zu sammeln und dann, für alle zufällig Anwesenden in einer nicht nachvollziehbaren und einem Vulkanausbruch ähnlichen Eruption auszuspeien.

Das Festhalten von Emotionen bewirkt, dass Muskeln verhärten und Faszien verkleben. Du spürst dies am Nacken und in einer zunehmenden Unbeweglichkeit. Den Auswirkungen von „Freeze", wie dieser Zustand von Wissenschaftlern bezeichnet wird, kannst du effektiv entgegenwirken: Schüttle dich. Deine Arme und Beine, deine Hüften und Schultern und natürlich deinen Kopf. Mach dies täglich ein paar genüssliche Minuten lang. Schütteln ist Psychohygiene.

Tango ist die hohe Schule des Nickens aber auch des Nein-Sagens. Eine Tänzerin wird durch Blickkontakt aufgefordert. Es liegt an ihr, ob sie den Blick erwidert oder die Augen abwendet. Anfangs dachte ich, dass dies eine sehr einseitige Art der Kontaktaufnahme darstellt, bis ich lernte, dass es die Frauen sind, die sich ihren nächsten Tanzpartner ausspähen.

Wie beim Tango, so auch im Leben: Wenn wir in einer Partnerschaft respektiert werden wollen, kommen wir nicht umhin, unsere Bedürfnisse kennen, wertschätzen und vertreten zu lernen. Dann werden wir von der Prinzessin zur Königin. Das ist unsere Hausaufgabe, ohne sie sind wir Spielball auf dem Parkett des Lebens. Tango fängt dann an, wenn jeder Partner zu sich steht. Und erst dann erkennt die Frau den Unterschied zwischen Selbstaufgabe und wahrer Hingabe.

Zu wissen, was wir wollen und nicht wollen, macht uns zu einem respektierten und geliebten Gegenüber. Stell dich vor einen großen Spiegel. Frage dich: Bist du dir selbst ein Gegenüber? Spiele mit deiner Körperhaltung. Atme tiefer. Beobachte, wie sich deine Energie verändert, wenn du deinem Spiegelbild kraftvoll erklärst: „Ich weiß genau, was ich will."

Körpersprachlich kannst du dich mit einer Heldinnenpose unterstützen: Stemme deine Hände in deine Hüften – so wie die Mamas in alten italienischen Filmen.

Ich sage NEIN, wenn ich Nein fühle, und ich lächle nicht mehr, wenn mir etwas nicht passt. Ich spreche darüber, insistiere, ich höre in mich hinein was MIR guttut. So werde ich zu einem geachteten Gegenüber. So will ich sein.

Ich weiß genau was ich will:

Unterleibsorgane verlangen nach tiefer Zufriedenheit, Muße und Zeiten der Stille

Alles ist gut

Während meiner aktiven Bauchtanzzeit dachte ich, es wären einfach nur Figuren, mittlerweile weiß ich, sie sind weit mehr als das: Kreise, Achter, Schlangenlinien. Hektischer Alltag ist von Zickzack und geraden Linien geprägt. Mainstream statt Umwege. Frauen jedoch brauchen, um ihre Weiblichkeit zu nähren, sanft schlängelnde, mäandernde Bewegungen. Mittlerweile weiß man über die beruhigende Wirkung von Achtern. Ob gezeichnet, mit den Augen nachgefahren oder mit der Hüfte getanzt – die Figur Acht synchronisiert beide Gehirnhälften und vermittelt uns in der Tiefe ein Gefühl von „Alles ist gut".

Zeichne auf großes Papier Achter. Wechsle die Schwungrichtung und auch die Schreibhand. Tanze Achter. Mit deinen Schultern, Ellenbogen, deiner Nase und den Füßen... Dann auch mit deinem Brustkorb und deinen Hüften. Wechsle auch hier jeweils die Richtung. Du kannst eine liegende oder stehende Acht tanzen. Lächle dabei und lade Freude in deine Zellen ein, denn dies ist nicht nur eine wunderbare Mobilisation für die Wirbelsäule und Gelenke, die im beruflichen Alltag häufig zu kurz kommt. Je geschmeidiger deine Bewegung, umso mehr wirkt sie auch wie eine Denksportaufgabe.

Hüftgold

Die Hände in die Hüften stemmen ist eine Kraftgeste. Besonders effektvoll ist sie, wenn dabei deine Daumen nach vorne zeigen und deine Hände auf den Nieren aufliegen. In der chinesischen Medizin sagt man, dass unsere Lebensenergie dort gespeichert ist. Nimm also öfter bewusst Kontakt auf und dann reibe deine Nierengegend tüchtig, bis sie warm wird.

Es ist also Gold wert, wenn du selbstbewusst deine Hände in die Hüften stemmst. Deshalb darfst du dich bei ihnen bedanken.

Du hast richtig gelesen: Du darfst dich bei deinem Hüftspeck bedanken. Ich weiß, „normal" ist, dass wir ihn bekämpfen. Doch wenn wir nicht mögen, was wir dabei fühlen, entzieht uns das Energie und wir stehen auf verlorenem Posten. Achtung: Auch auf verlorenem Posten stehen ist eine Positur, wenngleich auch keine, die Heldinnen einnehmen. Und du weißt: Unsere Selbstwahrnehmung wirkt auch auf andere. Aber es gibt Abhilfe. Im Qi Gong klatscht man die goldene Mitte liebevoll ab.

Beginne, indem du sanft mit beiden Händen links beginnend den Hüftspeck beklatscht. Dann wanderst du klatschend weiter über deine Nabelgegend bis zur rechten Seite und wieder zurück. Mache dies etwa eine Minute lang und spüre nach.

Namen sind wie edler Wein.
Koste jede einzelne Silbe
und jeden Schluck, würdige
den Moment, öffne deine
Lippen mit Bedacht.

Deinen Namen schmecken

Ich mochte meinen Namen nicht. Birgit. Meine Mutter wollte mich Judith taufen, aber meine Großmutter hat sich durchgesetzt. Mein Vorname ist nicht so häufig, wenn ich mit einer Namensschwester in Kontakt kam, habe ich stets gefragt, wie sie damit zurechtkommt. Ich war nicht allein, die wenigsten Birgits waren zufrieden mit dem Namen, den ihre Eltern ihnen zugedacht hatten. Ich war schon in meinen Dreißigern, als ich mir sagte, dass es an der Zeit wäre, Frieden zu schließen. Deshalb habe ich über die Namensherkunft recherchiert und erfuhr, dass Birgit Lichtbringerin bedeutet. Das gefiel mir. Und dann erkannte ich: die beiden „i" in meinem Namen sind wie zwei brennende Kerzen. Passt doch...

Mittlerweile gibt es Untersuchungen, die belegen, dass es einen Unterschied macht, ob du eine Karin bist oder eine Ute. Unser Name gibt ungeahnt häufig die Richtung vor im Leben.

Einerlei, ob du ein Problem mit deinem Namen hast oder nicht. Was du an dir magst oder nicht magst, spielt eine wesentlich größere Rolle als wir annehmen. In erster Linie für unser unbewusstes Selbstbild, aber auch, wie wir von unserer Umgebung wahrgenommen werden. Namen lösen Emotionen aus, evozieren innere Bilder und wecken Vermutungen über das Wesen eines Menschen.

Emanzipation bedeutete ursprünglich die Freilassung von Sklaven. Später dann den Vorgang, dass sich jemand aktiv aus seiner bisherigen Abhängigkeit befreit. Wenn sich eine Hanni emanzipiert, wird sie eine Hannah oder Johanna. Die Initialen ändern sich und damit meist auch der Mensch.

Change Your Name, Change Your Life

Wenn du deinen Namen weder verändern noch tauschen kannst und nicht besonders glücklich damit bist, hast du noch eine Option. Freunde dich mit ihm an, so wie ich es auch getan habe.

Recherchiere die Herkunft und Verbreitung deines Namens. Verknüpfe ihn mit Eigenschaften, die du an Menschen mit gleichem Vornamen gut findest. Sprich ihn laut aus oder singe ihn. Auch wenn ich es bisher belächelt habe, glaube ich, dass Rudolf Steiner sich schon etwas dabei gedacht hat, wenn es darum geht, den Namen zu tanzen. Beschäftige dich mit Kalligraphie und betrachte ihn wie ein Bild.

Eine Weinkennerin stimmt sich auf einen edlen Tropfen ein. Sie erlaubt sich, mit allen Sinnen zu genießen. Sie betrachtet die Farbe, schnuppert, erkennt Aromen, schwenkt das Glas, schnuppert erneut. Sie weiß, dass manche Aromen sich Zeit lassen, sie entfalten sich erst nach und nach. Schließlich nimmt sie einen Schluck und umspült damit den gesamten Mundbereich. Sie schlürft. Sie kaut. Damit nimmt sie den Geschmack intensiver wahr. Sie empfindet, schmeckt, schluckt. Dann ist sie neugierig auf den Abgang. Was bleibt nach dem Schlucken?

Mit etwas Fantasie kannst du zur Namenskennerin werden. Wie sieht dein Name aus? Welche Farbe hat er. Wie schmeckt dein Name, nach was riecht er? Ist er beim Kauen weich auf deiner Zunge oder wild und ungestüm. Hat er Tiefe, Ecken und Kanten? Ist er ein „Versprechen?" Wie ist er im Abgang?

Welche Schätze entdeckst du in deinem Namen? Zerlege ihn, betrachte ihn, schreibe ihn rückwärts. Finde für jeden Buchstaben mindestens einen kraftvollen positiven Begriff. Zum Beispiel Anna: **A***chtsam,* **n***eugierig,* **n***atürlich,* **a***nspruchsvoll.*

Du bist, was du isst
und verkörperst, was du denkst,
deshalb verleibe dir schöne Gedanken ein.

Schluck für Schluck

Besonders wir Frauen versagen uns so vieles und allerorts lesen wir, dass wir lernen sollen, NEIN zu sagen. Es gibt Seminare und Bücher darüber. Mir ist klargeworden, dass ich ganz unbedacht dem NEIN zu viel und dem JA zu wenig Raum einräume. Das wollte ich ändern und wie es so ist im Leben, wenn du etwas ändern willst, wirst du geprüft, ob du es auch wirklich ernst meinst. Und so war dies auch bei mir:

Am selben Tag probierte ich verschiedene Abendkleider aus. Denn auch dies, meinte ich, wäre ich mir schuldig, wenn ich im JA leben möchte. Im ersten Moment dachte ich, ich hätte mich verhört, als mir die freundliche mexikanische Verkäuferin ein Glas Leitungswasser anbot. Wasser? Hat sie Sekt gemeint? Ja, gerne – hörte ich mich sagen. Mit diesem Glas Wasser habe ich Schluck für Schluck ein JA in meine Zellen geschickt und fühlte mich reich beschenkt. Ach ja, das Abendkleid nahm ich natürlich auch mit.

Schlucken. Meist schlucken wir hinunter, was uns nicht passt. Dabei ist uns nicht bewusst, was wir uns damit einverleiben. Wir verstoffwechseln unsere Gedanken.

Mittlerweile ist es wissenschaftlich erwiesen, dass Gefühle und Emotionen, auf die wir nicht in weniger als zwei Minuten adäquat reagieren, in unser Bindegewebe abgeschoben werden. Wo sollen sie denn auch hin? Unsere Vorfahren konnten Stresshormone noch mit Flucht und Kampf abbauen. Wir bleiben buchstäblich auf ihnen sitzen.

Negative Gedanken herunterschlucken ist für sich schon ein unbewusster, wenn auch häufiger Akt. Gänzlich unbekannt ist den meisten Menschen, dass sie bewusst auch positive Gedanken verstoffwechseln können. Zusammen mit Speichel (deiner ureigenen und unterschätzten Medizin) kannst du schöne Momente speichern. Falls es dir lieber ist, genieße sie mit drei bewussten Schlucken Wasser. Auf der folgenden Seite kannst du schöne Gedanken notieren. Gedanken, die dich lächeln lassen.

Liebe ist, was dich lächeln lässt, wenn du müde bist.

unbekannt

Du bist schön

Wir saßen beim Frühstück in geselliger Runde nach einer langen Partynacht unter sternenklarem Himmel. Ich war noch erfüllt vom Tanzen, der Musik und den Begegnungen und umso mehr, als mir Fabian über den Frühstückstisch erklärte: „Du bist schön!"

Nachmittags bekam ich eine Mitfahrgelegenheit. Fabian saß neben mir und in dem Moment, als der Wagen losfuhr, legte er seinen Kopf auf meine Schulter und schlief ein. Und er erwachte erst wieder, als wir einen Autobahnrastplatz ansteuerten. Neben der Tankstelle war ein Café, auf das wir zielstrebig zugingen, als er mich jäh anhielt. Ich stutzte. Wollte er mich vor einem Hindernis warnen? Nein, Fabian eröffnete mir eine neue Sicht: Mit einem langgezogenem Ohhh aus dem Innersten seiner Seele machte er mich auf die einzigartige Schönheit eines schmalen Grünstreifens aufmerksam.

Ich habe Menschen mit Down Syndrom als wahre Engel kennengelernt und bin dankbar für die wenigen aber tiefgehenden Begegnungen mit ihnen, so wie auch diese:

Lukas, so stellte sich heraus, ist vor ein paar Tagen 18 geworden. Wir waren auf einer Party und bestaunten in der Küche die neue Espressomaschine des Gastgebers, als ich verstand: „Ihr müsst jetzt alle sagen – ich bin ein Held!"?!? Oh, ja, natürlich. Und was für ein Held. Denn wer von uns würde sich trauen, solch eine Bitte zu äußern. Also alle im Chor: „Lukas ist ein Held!"

Manchmal braucht es Engel, die uns auf die Kleinigkeiten am Rande des Lebens aufmerksam machen, an denen wir sonst achtlos vorbeigehen. Oder die uns daran erinnern, dass auch wir besonders sind. Du und ich.

Es gibt Tage, an denen uns etwas fehlt. Sie sind trüb und trist. Wie wäre es, wenn du einen Engel einlädst, um dieses „Etwas“ zu füllen? Worauf würde dich ein Engel an deiner Seite aufmerksam machen? Was ließe er dich erkennen, wahrnehmen, Neues ausprobieren?

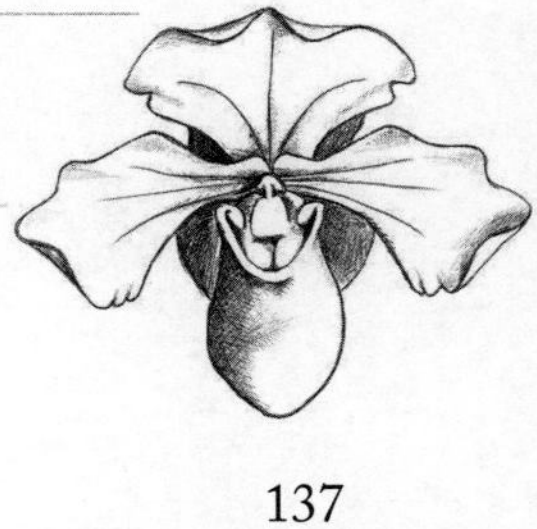

Trenne dich nicht von deinen Illusionen.
Wenn sie verschwunden sind,
wirst du weiterhin existieren,
aber aufgehört haben
zu leben.

Mark Twain

Einmachzeit

Wie häufig hören wir Frauen klagen, dass eine schöne Zeit zu Ende geht. Der Sommer, ein Urlaub, Zeit mit der Familie. Oder die Zeit, die wir Seite an Seite mit einem Engel verbringen...

Was uns nicht bewusst ist: Damit schüren wir die Sehnsucht und auch den Mangel. Wir leben das „Ach, war das schön." und das „Schade, dass es vorbei ist." Wir werden melancholisch und unser Körper schüttet einen entsprechenden Hormoncocktail aus – unser Energielevel sinkt. Dies alles, weil wir nicht gelernt haben, die Essenz des Augenblicks in uns aufzunehmen.

So wie du die süßen Früchte des Sommers einkochen, Marmelade und Chutney zubereiten kannst, um dich auch im Winter darüber zu freuen, ist es ein Leichtes, schöne Momente wachzuhalten. Dazu benötigst du 20 Minuten ungestörte Zeit für dich, dein Notizbuch, dein Handy und ein Getränk. Bist du bereit? Schön, dann lass uns beginnen.

Starte mit einer Überschrift. Sie könnte so lauten: „Was hat mich genährt in diesem Sommer?" oder „Was hat mich genährt in der Zeit mit ..." Stelle den Timer auf deinem Handy auf acht Minuten und schreibe aus dem Bauch heraus alles auf, wofür du dankbar bist in Bezug auf dein gewähltes Thema. Wenn du ins Stocken gerätst, lies die Überschrift nochmal laut und fahre fort auch die Kleinigkeiten zu notieren. Wenn die Zeit abgelaufen ist, trinke einen Schluck. Dann lies, was du geschrieben hast. Gib dir noch zwei Minuten für Ergänzungen.

Du wirst merken, dass sich deine Stimmung hebt. Du bewegst dich nun in der Schwingung von Fülle und Freude.

Und dies wirst du sogar noch weiter steigern: Benutze die Funktion „Diktiergerät“ *auf deinem Handy. Gib dir auch jetzt wieder acht Minuten Zeit und nimm deine Stimme auf, während du dir aus dem Bauch heraus erzählst, was dich genährt hat. Du machst dies nur für dich. Es geht dabei nicht um Perfektion. Gib der Versuchung nicht nach, neu zu starten, um es „besser“ zu machen. So wie es gerade jetzt fließt, ist es gut genug. Pausen, Versprecher, Seufzen und Töne aller Art sind willkommen, denn sie unterstreichen, was du erlebst und fühlst.*

Diese Aufnahme kannst du in der folgenden Zeit immer wieder hören. Du machst dich mit deiner Stimme vertraut. Sie ist sehr persönlich und ein Geschenk.

Zum Abschluss lege dir passende Musik auf und tanze. Dehne dich und tanze das, was dich genährt hat. Dich körperlich zu dehnen ist wichtig, um die Fülle zu halten. Tanze deine Erinnerungen. Er-Innere dich und lade deine Zellen mit dieser Energie auf. Nimm einen letzten Schluck von deinem Getränk und proste dir zu und verleibe dir die Schönheit des Moments ein. Mmh…

Wenn du dir selbst die
Erlaubnis gibst, kommt
sie auch von außen

Lässigkeit

Warum sie dich satt und glücklich macht

In meinen 20igern war die Zeit der lila Latzhosen und darunter „Mein-Bauch-gehört-mir!!!“ Ich trug tagsüber Jeans und Turnschuhe und abends war ich Bauchtänzerin. Zehn Jahre später trug ich Business-kostümchen, Aktenköfferchen und hohe Hacken – und abends lag ich total erschöpft auf dem Sofa in Jeans und Socken. Jetzt bin ich nicht mehr jung. Das heißt, biologisch schon, sonst würde ich nicht viermal die Woche in meine hohen Tangoschuhe schlüpfen und auf dem Parkett die Zeit vergessen.

Aber weißt du was? Wenn ich mal gerade nicht tanze, schaue ich mich um. Und da gibt es Erstaunliches zu entdecken:

Zwei Welten

Die ganz jungen Frauen so um die 25, mit ihren Stilettos und superkurzen Röcken bleiben meist sitzen. Sprich – sie werden nicht aufgefordert. Daneben sind die eher unscheinbaren Frauen. Manche würden sie als adrett bezeichnen. Und sie tanzen und tanzen… und gehen beseelt nach Hause.

Ich schaue den Paaren auf die Füße. Die jungen Tänzerinnen haben eine atemberaubende Beintechnik – die erfahreneren sind – räusper, lasziv langsam.

Ich schaue auf die Umarmung: Ist da eine Verbindung? Überträgt sich die Energie der beiden Tanzpartner? Wie begrüßen sie sich? Wie lösen sie die Umarmung wieder auf? Da kann unglaublich viel Genuss dabei sein – oder nur Mittel zum Zweck.

Ich schaue ihnen ins Gesicht. Die Männer konzentriert, die Frauen in ihren Armen gucken ob jemand guckt und vergleichen sich mit anderen – ODER sie tanzen mit geschlossenen Augen und verzückter Mine.

Spannend finde ich das und mache mir meine Gedanken. Unerfahrene Frauen entschuldigen sich, wenn sie sich „vertanzen", die gefragten Tänzerinnen lächeln oder machen etwas daraus.

Lässigkeit kannst du nicht üben. Da kannst du nur hineinwachsen

Mit dem Alter kommt die Langsamkeit. Bitte nicht verwechseln mit Schwerfälligkeit. Mich hat das damals schon so beeindruckt, als ich die berühmtesten Bauchtänzerinnen beobachtete. Sie waren in ihren 60igern. Und hatten eine Lässigkeit und einen Blick, unnachahmlich. Das kannst du nicht üben. Da kannst du nur hineinwachsen.

Lässigkeit heißt nicht Nachlässigkeit

Lässigkeit bedeutet eben nicht, uns einfach gehen zu lassen. Das Alter als Ausrede zu benutzen. Ein Mantra einschleichen lassen à la: „Mir schaut ja doch keiner mehr nach!" oder sich auszuruhen: „Ich brauche das nicht, ich hab einen Mann..." In diesem Zusammenhang höre ich immer wieder: „Wozu Dessous – die sieht doch niemand". Was ich auch beobachte: Mit zunehmendem Interesse an Spiritualität nimmt das Interesse an der äußeren Erscheinung ab.

Lässigkeit ist eine Sache von Haltung, Respekt und Wertschätzung – uns selbst gegenüber. In erster Linie. Eine Haltung, die deine Lebenserfahrung, Kompetenz und Liebe ausstrahlt.

Ohne Lässigkeit verhungerst du

Ich glaube, Lässigkeit hat sehr viel mit Loslassen zu tun. Zum Beispiel den Wunsch nach dem ewigen Perfekt-sein-wollen. Dahin kommen wir nach vielen Jahren, in denen wir es anderen recht machen wollten. Um gelobt zu werden. Um ein Lächeln zu ernten. Bis wir irgendwann resigniert erkennen, dass das Lächeln denen geschenkt wird, die sich nicht abmühen. Und bis wir endlich verstehen, dass wir uns ein Lächeln selbst schenken müssen und dürfen, weil – ja weil wir sonst – emotional verhungern.

Lässigkeit heißt zulassen

Es ist so einfach und doch so schwer. Zulassen was ist. Dich – so wie du bist zulassen. Meinetwegen auch zumuten. Auf jeden Fall nicht zurückhalten.

Wir haben unglaublich viel Zeit vertrödelt mit Schauen, wie die anderen es machen. Damit haben wir unsere Achse, unser Gleichgewicht verloren. Immer wieder. Ha – auf hohen Schuhen kommt das gar nicht gut. Unser Körper spiegelt das auf wunderbare, ehrliche Weise wider.

Lässigkeit heißt, dir selbst die Erlaubnis zu geben. Mache es dir mit einer Tasse Kaffee oder Tee gemütlich und überlege, was du gerne in Angriff nehmen würdest, dies aber von einem „ja – mach nur“ deines Partners, deiner Kinder, Chef & Co. abhängig machst. Ist es die Reise nach Indien, der Yogakurs, das High Heel-Training, das Wochenende mit deinen Freundinnen, eine Fortbildung...? Und was ist mit den kleinen Dingen? Einmal nicht Kochen, sondern Picknick im Rosengarten. Gemütlich die Füße hochlegen und ein spannendes Buch lesen statt zu putzen. Raus an die Sonne statt drinnen die Zeit absitzen.

Kennst du das? Wenn du dir selbst die Erlaubnis gibst, kommt sie auch von außen.

Manifest der Lässigkeit

Ich habe es nicht mehr nötig, alles husch, husch zu erledigen, nur um Zeit für etwas anderes zu haben, das ich dann ebenso effektiv und razzfazz erledige.

Ich bin genussfähig und erkenne: Billig kommt zu teuer. Deshalb leiste ich mir Qualität.

Das ewige „ich bin nicht gut genug“ ersetze ich immer häufiger gegen ein: „Ich bin es mir wert“.

Ich habe es satt, immer vernünftig zu sein und werfe ausgediente Schablonen, wie: „eine anständige Frau tut so was nicht“ auf den Müll.

Ich trage High Heels – oder nicht. Punkt. Und gebe mir selbst die Erlaubnis für das eine oder das andere. Ersatzweise gönne ich mir ein Paar Ohrringe, gehe zur Maniküre oder kaufe mir Dessous – nur für mich selbst.

Ich gebe mir selbst tief drinnen die Erlaubnis, mich weiblich und kraftvoll auszudrücken.

Ich mache mich im Bad nicht mehr fertig, sondern schön.

Ich rechtfertige mich nicht für mein Verhalten, sondern übernehme Verantwortung für mein Tun.

Ich übergehe mich, meine Interessen und mein Bauchgefühl nicht länger, sondern stehe zu mir.

Ich bin ein Geschenk für die Welt. Ich halte mich und meine Gaben nicht zurück.

Ich habe Zeit.

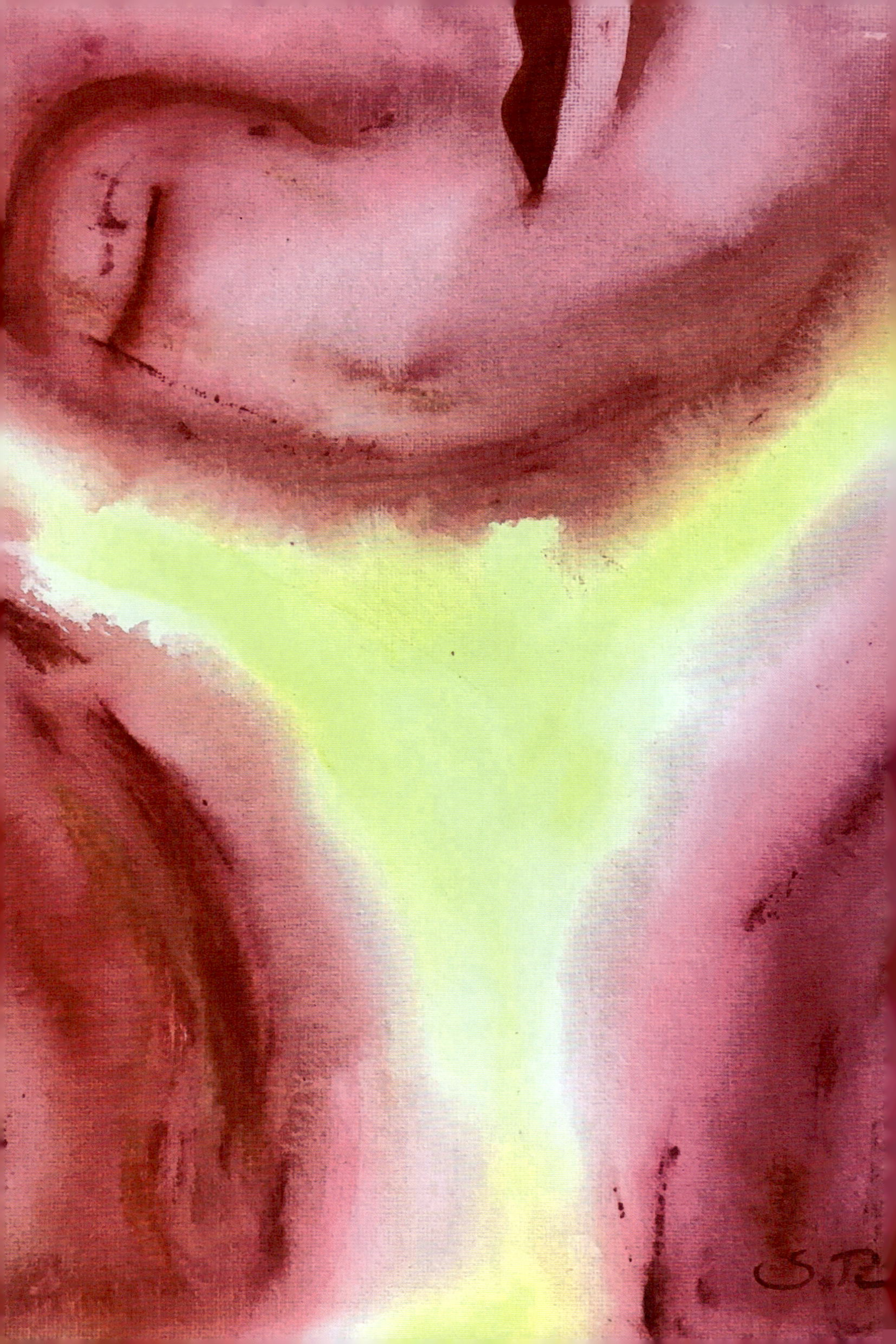

Es heißt Lebenswerk und nicht Arbeitswerk

unbekannt

Mut zur Lücke

Es war eine Zeit, in der ich morgens schlaftrunken meine Augen öffnete und auf der Bettkante saßen sie schon, die lästigen Geschwister: „Ich müsste“ und „Ich sollte“. Ich stöhne, gehe ins Bad und der Spiegel sagt mir unbarmherzig: „Wo ist deine Weiblichkeit?“

Das war während der Zeit, als ich mich um meinen schwerkranken Vater kümmerte, zuhause meine zwei Söhne und mein Mann versorgte und gleichzeitig sehr erfolgreich „meinen Mann“ im Versicherungsbusiness stand – Betriebliche Altersversorgung... Und ich? Ich stellte irgendwann fest, dass ich mich uninspiriert und so gar nicht mehr weiblich fühlte. Wie auch, ich selbst habe mich in die zweite Reihe gestellt. Ich funktionierte auf hohem Niveau.

Dies sind aber auch Zeiten, in denen außergewöhnliche Geschenke auf uns warten. Und so habe ich mich kurzerhand zu einem Seminar nur für Frauen angemeldet. Wenn schon, denn schon, dachte ich mir, denn der Inhalt dieser vier Tage war der Betrachtung der Göttin Lakhsmi gewidmet. Der Göttin, die die Fülle symbolisiert und die gelebte Weiblichkeit.

Der Seminartag war anstrengend, und ich schlafe wie eine Murmelfrau. Plötzlich wache ich von einer Stimme direkt neben mir auf. Ich liege im Bett und höre, wie mir eine Männerstimme ins Ohr flüstert: „You mustn’t say, you have no ZEIT“.

Ich war schlagartig wach, rieb mir die Augen, sah mich um, und mein Gesichtsausdruck war ein einziges Fragezeichen. Es war 5 Uhr in der Früh. Ich habe mich angezogen und bin im Mondschein in den Wald gegangen und sinnierte: „Was war das?“ und „Warum eine Männerstimme? Warum englisch und dann das deutsche Wort ZEIT?“

Dann sah ich das Wort „Zeit“ vor mir. Es war fest, eckig und bestimmend. Und viele „Zeiten“ fügten sich Kante an Kante nahtlos aneinander. Erbarmungslos - ohne Lücken dazwischen.

Anschließend nahm ich mir das Wort „time“ vor.

Time dagegen war von der Form her oval und fühlte sich an wie ein Angebot. Und mehrere ovale „times“ aneinandergereiht, ließen immer genügend Zwischenräume.

Wir sind bei allem meist sehr schnell. Ohne Zeit, das zu genießen, womit wir uns gerade beschäftigen. Wie geht es dir damit? Mit dem Etikett „Keine Zeit“, schützen wir uns vor Überforderung. Und manchmal dient es dazu, unser Selbstwertgefühl hoch zu halten: Schau, ich bin so beschäftigt, also muss ich wichtig sein.

Ich will dir noch erzählen, wer die männliche Stimme war:

Am Nachmittag durften wir die Göttin Lakhsmi visualisieren. Uns ein Bild von ihr machen und ihr Fragen stellen. Ich war einigermaßen erstaunt darüber, wie meine Lakhsmi aussah: Vor mir lag eine üppige, schwere, unglaublich weibliche schwarze, nackte ältere Frau. Genüsslich ausgestreckt auf der Seite liegend. Ihren Kopf auf die Hand gestützt, sah sie mich direkt an und sprach mit der tiefen, samtenen Stimme einer Bluessängerin: „Did you get it?“

Oh ja. Ich habe verstanden: Statt meinen Kalender mit Terminen nahtlos vollzupflastern, wähle ich „time“.

Wo kannst du Zeiten in deinem Kalender gegen „time“ tauschen. Wie kannst du die Lücken dazwischen genießen? Kannst du „nichts“ tun? Wenn wir lernen, uns Lücken hinzugeben, gewinnen wir an Würde, Attraktivität und Lebensfreude. Hast du Mut zur Lücke?

Es ruckelt immer ein bisschen, wenn das Leben in den nächsten Gang schaltet.

Unbekannt

Deinen Platz einnehmen

Es war in Indien. Zusammen mit Freunden war ich in der heiligen Stadt Rishikesh. Im Frühjahr werden dort jährlich Satsangs abgehalten, Veranstaltungen, in denen weise Männer und Frauen vor Publikum sprechen.

Besonders freute ich mich auf Shanti May. Wir kamen rechtzeitig, uns war wichtig, einen guten Platz zu bekommen, und so saßen wir ihr fast zu Füßen. Das Thema war Wachheit, ich hing förmlich an ihren Lippen und war dankbar, dass ich mein Notizbuch bei mir hatte. Tags drauf aber entschlossen sich meine Freunde zu einem Shoppingbummel. Ich war hin- und hergerissen, denn dies war auch die letzte Gelegenheit, dieser weisen Frau noch einmal zu lauschen. Shoppen wollte ich aber auch. Deshalb suchte ich mir diesmal einen Platz ganz hinten an der Wand, nahe dem Ausgang. So könnte ich mich jederzeit hinausschleichen, ohne zu stören, und mich per Handy mit meinen Freunden in Verbindung setzen.

Es waren hunderte von Menschen im Raum. Sie betrat die Bühne, nahm ihren Platz ein und ihr wacher Blick brachte augenblicklich Ruhe: Niemand raschelte mehr, das Gemurmel verstummte, jeder war gespannt auf ihren Vortrag.

Statt zu sprechen, ließ sie ihren Blick schweifen. Und als sie dann anfing mit ihrer Rede, sprach sie direkt mich an. So kam es mir jedenfalls vor, denn sie fragte ins Publikum: „Wo sitzt du?“, „Wie sitzt du?“ und dann wollte sie wissen, „Bist du wirklich da?“ Ein Gänsehautmoment. Ich fühlte mich ertappt: Weisheit gibt es nicht to-go. Anders als am Vortag war ich diesmal nur bereit, meinen großen Zeh ins Wasser zu halten, statt beherzt mit beiden Füßen in den Fluss des Lebens zu steigen. Ich war nicht da. Ich konnte mich nicht einlassen, denn mit meinen Gedanken war ich bereits bei meinen Freunden. Wie ein Hund mit eingezogenem Schwanz schlich ich mich hinaus, meine Freundin wartete bereits auf mich.

In Indien verwendet man das Wort Shri um die Verehrung für eine wertgeschätzte Person oder Gottheit zum Ausdruck zu bringen. Dabei geht es nicht um die Person, sondern um den Platz, den sie einnimmt. Shri ist Energie. Shri ist die Fülle und vibrierende Lebenskraft.

Diese Lektion hat mir vor Augen geführt, dass ich selbst bestimme, ob ich mich damit begnüge, im Vorbeilaufen Fastfood zu konsumieren, oder innehalte und Platz nehme. Meinen Platz im Leben einnehme.

Beobachte dich in der nächsten Zeit. Wo nimmst du Platz? Wählst du mit Bedacht oder nimmst den erstbesten? Wie sitzt du? Spürst du beide Sitzbeinhöcker? Lehnst du dich an oder beugst dich zu deinem Gegenüber? Wähle bewusst die nächsten Tage einen anderen Platz als üblich und beobachte, was dies in dir auslöst.

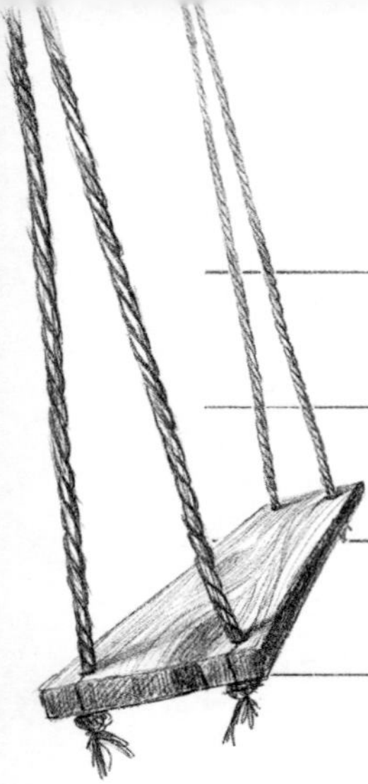

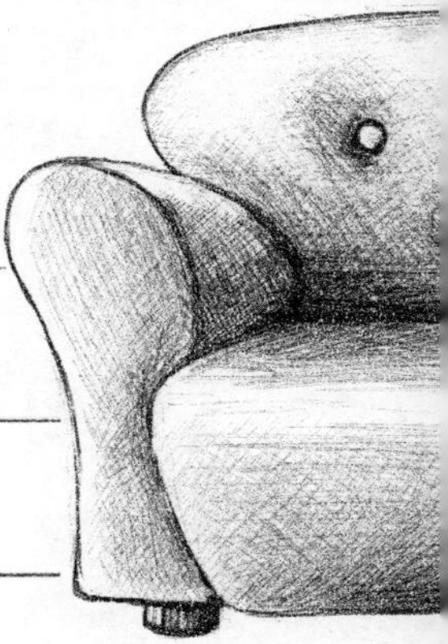

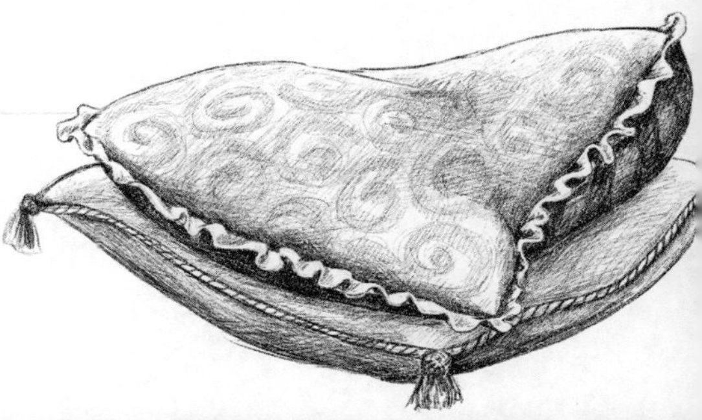

Ganz gleich, wie beschwerlich das Gestern war, du kannst stets von neuem beginnen.

Unbekannt

Nachschlag

Ich hatte Schmerzen und eine Idee: Mit meinen bequemsten Sportschuhen – andere Schuhe waren unerträglich – bin ich in die Stadt gefahren und dann gefühlte 1000 schmerzvolle Schritte gegangen, bis ich vor dem Laden stand. Soll ich da jetzt wirklich reingehen? Ich gebe mir einen Ruck und drücke die Tür auf und höre heute noch das scheppernde Klingeln, das der Verkäuferin andeutet, dass da jemand kommt, um zu stören...

Da stand ich nun im Fachgeschäft für Orthopädiebedarf, zwischen Stützstrümpfen in hippen Farben und allerlei Gerätschaften, deren Anwendung ich mir gar nicht vorstellen möchte. In einer Ecke entdeckte ich Angora-Leibbinden, Angora Kniewärmer, Angora-Liebestöter. Daneben ein Lichtblick: Sitzbälle und Massagerollen. Nur eine Verkäuferin sah ich nicht. Die kruschte im Nebenzimmer, und nachdem ich auch noch mitleidig alle Utensilien für Darmspülungen und Urinale besichtigt hatte, kam sie.

„Was wünschen Sie?“ Was ich mir wünsche? Will sie das wirklich wissen? Ich will, dass meine Fußprobleme weg sind! Dass ich zumindest wieder schmerzfrei gehen kann. „Ich habe Fußprobleme und brauche etwas, was gegen die Schmerzen hilft!“, entgegnete ich ihr tapfer, zeige ihr nach Aufforderung auch noch, wo es weh tut, und warte gespannt auf die erlösende Antwort. Dabei kam ich mir vor wie in der Schule, wenn die Lehrerin die korrigierten Aufsätze verteilt.

„Da kann man nichts machen!“ ohrfeigte sie mich. So kam es mir jedenfalls vor. Ungläubig hat mein Hirn die Option geprüft, ob ich mich vielleicht verhört hätte. Leider nein, denn schon kam ihr nächster Satz: „Aber ich kann Ihnen gerne einen Termin bei unserem Orthopädiemeister geben, der kann Ihnen Schuheinlagen anfertigen“.

Diese Option hatte ich schon in Erwägung gezogen und deshalb auch bereits einen Termin die Woche darauf bei meiner wunderbaren Orthopädin vereinbart. Aber ich war trotzig. Ich wollte jetzt und sofort eine Lösung. Zumindest aber verstanden und ernst genommen werden. Als ich an besagtem Termin kein Interesse zeigte, zuckte sie die Achseln und bekräftigte noch einmal, dass man dann leider nichts machen kann. „Vielleicht operieren?", setzte sie zögerlich nach und verstand gar nicht, was sie damit anrichtete.

Nach diesem Erlebnis wollte ich mich aufbauen. Einen Kaffee trinken, Powershoppen oder meine Wut und meinen Frust irgendwie loswerden. Mir fiel etwas Besseres ein: Ganz in der Nähe war ein Buchladen, in dem gebrauchte Bücher abgegeben und auch gekauft werden können. Hier habe ich immer inspirierenden Lesestoff gefunden. Und ich war mich sicher, dass ich auch diesmal fündig werde. Und so war es auch. Keine zwei Minuten dauerte es und ich hatte die Antwort in meinen Händen. Es war Louise Hays Buch: „...Und plötzlich war alles anders". Darin beschreiben Menschen aus aller Welt, wie Louise ihnen mit ihren Büchern und Affirmationen geholfen hat.

Ich hätte heulen können, mitten im Laden. Vor Glück, vor Verzweiflung, vor Wut und vor Dankbarkeit. Noch in der U-Bahn, auf der Fahrt wieder nach Hause, fing ich an zu lesen und ich verstand, was mit mir los war. Ich habe mich als Opfer gesehen und wollte die Verantwortung für meine Probleme nicht übernehmen. Ich habe täglich die Übungen gemacht, die ich von meiner Physiotherapeutin gelernt habe, missmutig auf Tango verzichtet, gejammert, immer irgendwie darauf gewartet, dass die Erlösung von außen kommt.

Und dann brauchte ich das Buch nur in der Hand zu halten, allein der Titel wirkte schon wie ein Erleuchtungserlebnis. Ich verstand. Ich verstand auf sehr tiefer Ebene, was ich über die vielen Jahre alles gelesen habe. Ich verstand, wovon beim Yoga die Rede war, wenn über Ahimsa gesprochen wurde: **Liebe dich selbst.**

Heute ist mir klar, ich darf der Orthopädieverkäuferin dankbar sein. Denn: Sie hatte recht! „Man“ kann nichts machen. Wenn, dann muss ich etwas tun. Aber noch viel wichtiger als tun ist sein. Dass wir unser So-Sein achten, anschauen und annehmen. Dann und nur dann kommen wir raus aus der Angst und wieder hinein in die Lebensfreude. Und mehr noch: Daraus entstehen innovative Geschäftsideen und smarte Problemlösungen oder das Buch, das du gerade in den Händen hälst.

Es ist weit mehr möglich als du denkst. Darauf heben Sabine und ich unser Glas auf dich. Prosit – Zum Wohl – Verleiben wir uns schöne Gedanken ein...

Foto: T. Deyhle

„Das ist unglaublich, liebe Birgit.
Du machst ganze Welten auf und alles
kommt zur rechten Zeit.“

Fuß- und Körpergefühl-Expertin

Birgit Faschinger-Reitsam, Mutter von zwei Söhnen lebt in München. Sie war lange Jahre erfolgreich als Spezialistin für betriebliche Altersversorgung – einer männlich geprägten Welt. Zum Ausgleich tanzt sie leidenschaftlich gerne Tango mit ihrem Mann. Zu ihrer Berufung kam sie über extreme Fußprobleme. Darüber lernte sie, dass körperliche Probleme ein enormes Potential für inneres Wachstum in sich bergen. In ihren Onlinekursen, Seminaren und Coachings bietet sie einen einzigartigen, ganzheitlichen Ansatz. Sie zeigt Frauen, wie sie sich mit allen Teilen ihres wundervollen Körpers versöhnen können – vor allem mit bislang abgelehnten oder wenig beachteten Regionen, wie Füße, Beckenboden oder Kieferbereich.

Über die Zusammenhänge zwischen Glaubenssätzen und Selbstwahrnehmung und unserem körperlichen Wohlbefinden, Standing und Fortschritt im Leben bloggt sie und schreibt Bücher. Ihre Texte laden auf humorvolle Weise dazu ein, sich mit dem Kern der eigenen Weiblichkeit zu verbinden. Dem Ort, der uns nährt und Kraft spendet. Sie sind Wegweiser, Standortbestimmungen und zeigen eine neue Sichtweise auf, wie wir mit Stolpersteinen im Leben umgehen können. Besuche Birgit Faschinger-Reitsam auf ihrem Blog: www.draufgaengerin.de

„Perfekt unterstützt von den feinsinnig gestalteten Bildern der Künstlerin Sabine Paul."

Malerin, Grafikerin, Lebensbejaherin

Sabine Paul ist engagierte Münchnerin. Mutter von vier Töchtern. Modeaffin. Für manche wäre das genug, nicht für Sabine. Kreativität und Kunst wird großgeschrieben. Ob beim Saxophonspiel, extravaganter Näharbeit, Gartenkunst, Malerei oder Grafikdesign, Sabine überrascht, denn ihre Werke entführen aus dem Alltäglichen.

So auch ihre Bilder für das Buch „Das Leben schmecken". Jedes einzelne Motiv, die Illustrationen und die Zentangles sind Ausdruck ihrer Lebenslust. Sabine Paul bildet nicht nur das Offensichtliche ab, mit ihrem Pinsel geht sie tiefer: zur Essenz der Dinge und holt von dort die Kraft, die ihre Bilder ausdrücken.

Sabine ist seit über 20 Jahren als freischaffende Grafikerin, Illustratorin und Malerin tätig. Sie gestaltet aus Lust und Liebe, und nicht zuletzt ihr eigenes Leben. Besuche Sabine auf ihrer Hompage:

www.paul-grafik.de

Epilog

Flugunfähig

Dunkel, knorrig, plump und schwer blieb ich am Boden liegen,
die nackte Angst hat mich gelähmt, deshalb bin ich geblieben,
obwohl ich Träume hab vom wilden Leben, Träume hab vom Fliegen.
Bleibt mir nur der schwache Trost, sie zeitlich zu verschieben.
Habe niemals Widerstand geleistet, niemals mutig mich gerieben.
Das will ich ändern nun, will mich nicht länger unterkriegen lassen,
mich nicht selber
hassen,
sondern lernen,
mich zu lieben,
lernen, wie es ist zu fliegen.

Mit diesem Gedicht gab ich Anfang 2012 dem Ausdruck, was mich damals ausmachte: Innere Leere und doch der unbändige Wunsch nach mehr vom Leben. Ich bin durch einen Prozess gegangen, habe meine Weiblichkeit erkundet und angefangen, mich intensiv mit Kunst zu beschäftigen. Mein Durchbruch kam in Form von unsäglichen Fußproblemen, die mich tief in das Universum unseres wundervollen Frauenkörpers eintauchen ließen. Magische Zeiten brachen für mich an. Mir wurde die Fähigkeit zu Schreiben geschenkt und das Sehen von Verbindungen – innerkörperlich, wie auch von Zusammenhängen zwischen körperlichen Problemen und unserer Haltung zum Leben.

Ich weiß jetzt:

„Wenn deine Mitte stark ist, wachsen dir Flügel“

Ich wünsche mir, dass auch du mutig genug bist, zu dir zu stehen und Probleme als Wegweiser zu erkennen. Glaub mir: Es lohnt sich, das Leben zu schmecken. Mmh...

Den weiblichen Weg gehen wir Frauen nicht allein. Sieh dich um, wenn du bereit bist, kommen Gefährtinnen. Sabine Paul kenne ich seit der Kindergartenzeit meiner Söhne und ihrer Töchter. Anfangs trafen wir uns zu Milchkaffee, später zu Café Latte, und seitdem wir beide uns auch den bitteren Zeiten des Lebens gestellt haben, trinken wir ihn schwarz, ohne Zucker.

Danksagung

Besonderen Dank möchten wir unseren Ehemännern aussprechen, denen wir uns in unseren dunklen Stunden mutig zugemutet haben, die zu uns halten und uns bei unseren kreativen Eskapaden tatkräftig unterstützen.

Unser Dank gilt auch den Frauen, die uns während des Entstehungsprozesses angespornt und unterstützt haben, vor allem Claudia Müller-Tief, die Groß gegen Klein ausgetauscht und Kommas an den rechten Platz gerückt hat.

Wenn Tango Leiden schaf(f)t

– Mit glücklichen Füßen genussvoll tanzen.

„Fußprobleme sind nicht nur Fußprobleme.“ Mit dieser Erkenntnis kam die Autorin zu ihrer Berufung. In diesem Ratgeber schildert sie ihre Erfahrungen, Tipps, Tricks und Geheimnisse, wie sie es selbst geschafft hat, heute wieder zu tanzen und dies genüsslicher als zuvor. Lesenswert für alle Frauen, die sich mit ihren Füßen versöhnen wollen.

2016 erschien das Buch
„Wenn Tango Leiden schaf(f)t.

Birgit Faschinger-Reitsam,
Wenn Tango Leiden schaf(f)t,
Mit glücklichen Füßen
genussvoll tanzen,
128 Seiten

ISBN 978-3734563034,
Verlag Tredition

"Ich liebe die Art, wie Du so manches Tabu-Thema unserer Gesellschaft liebevoll und herzlich verpackst und die Frauen darin bestärkst, wieder in ihre Kraft zu kommen."

„Einfach genial – oder genial einfach. So schön, dass du dein Wissen mit uns teilst"

"Ich bilde mir ein, ich gehe schwungvoller und aufrechter durchs Leben, na, wie eine Königin eben."

"Sehr ansprechend und berührend sind mir deine Texte. In deiner einzigartigen Mischung aus persönlich, humorvoll, weise. Deine Tipps einladend, ungewöhnlich, inspirierend. Die Erinnerung: ich wohne in MEINEM Körper und der weiß so viel. Beziehungsweise ALLES, wenn ich ihm denn zuhöre. Danke dir für diese vielfältigen Aspekte, die du beleuchtest!"

"Danke, dass du auf deine ganz wundervolle Weise dazu beiträgst, noch mehr Bewusstsein für all die unterschiedlichen Aspekte des Frauseins und der Weiblichkeit zu schaffen."

Wir freuen uns, wenn du unsere Arbeit unterstützt. Durch einen Kommentar auf www.draufgaengerin.de. Durch Erwähnung in den sozialen Medien. Weiterempfehlung. Rezensionen...

In Liebe - Birgit und Sabine

18 – Weisheit

„Will ich das?“ Woher kommt diese trotzige Frage, die sich zwischen einem „ich sollte“ und einem „ich müsste“ so entschlossen Weg bahnt. Dieses „Will ich das?“ kommt tief aus deinem Körper, begleitet von Gänsehaut. Du bist aufgeregt, und im nächsten Moment weißt du, welche Entscheidung die richtige ist. Du hörst auf deinen Körper, auf die wilde Frau in dir. Begeisterung bricht sich Bahn durch all die Angepasstheit hindurch, die dein inneres Feuer und deine Leidenschaft sonst unter Kontrolle hält. Dein Körper hat dir so viel zu sagen, und er weiß es besser: Er zeigt dir durch Verspannung, wo du vergeblich gegen etwas kämpfst. Du bist müde, wenn du dich auf Probleme konzentrierst, statt auf Möglichkeiten, dein Ziel zu erreichen. Ein federnder Gang und eine entschlossene Haltung signalisieren dir: „Du bist auf dem richtigen Weg.“ Gib deiner wilden und weisen Frau in dir Raum und sie wird dir getreu zur Seite stehen. Du bekommst Zugang zu ihr, indem du dich selbst wertschätzt, dich ehrst, freundlich mit dir bist und dir immer wieder mutig verzeihst.

Lerne, auf deine inneren Signale zu achten: Wie fühlt sich ein JA an? Entspanne dich, atme tief, schließe die Augen und sage dir: „Ich bin ein wunderbarer Mensch, ich liebe mich!!“ Bleibe still und beobachte dich innerlich: So fühlt sich ein JA an.

47

Schuhrakel – *Wege in die weiblich Kraft*

Glaubenssätze sind innere Dialoge, die dich auf der Stelle treten lassen und dich festhalten. Wenn du im Leben weiter- und dir auf die Schliche kommen willst, haben wir für Frauen, "die es wissen wollen" das SCHUHRAKEL entworfen. Ein Kartenset, mit 44 Impulskarten, die dich treffgenau dort abholen, wo du gerade stehst. Auf humorvolle und freundliche Weise kannst du dir im Begleitbuch Anregungen holen, wie du in Führung gehen, kraftvoll auftreten oder zu dir stehen kannst.

Die SCHUHRAKEL-Karten sind echte Hingucker und machen Laune und im Kreis von Frauen bieten sie Anlass für Gespräche mit Tiefgang. Mut, Mehr vom Leben, Unterstützung, Leidenschaft, Fülle, Selbstbestimmung... sind nur einige der Impulse, zu denen du Einsichten gewinnen kannst.

Die Karten sind Kult: Kaum auf dem Markt, bekam das Schuhrakel einen Platz im Virtuellen Schuhmuseum in Den Haag.

Schuhrakel

44 Künstlerkarten mit Begleitbuch, 104 Seiten

Birgit Faschinger-Reitsam und Sabine Paul

ISBN 978-3-9819238-0-3
Verlag:
Frauenschuh-Verlag,
Birgit Faschinger-Reitsam
& Sabine Paul GbR

im Buchhandel erhältlich

Weiblichkeit ist kostbar

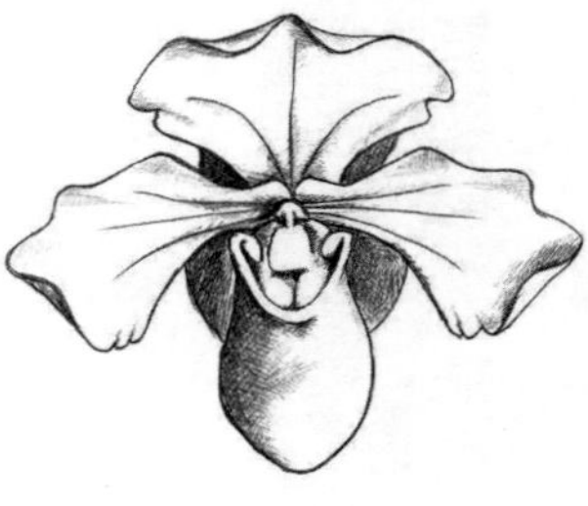